おいしそう!!
Oishisou!!

DAS ULTIMATIVE ANIME-DESSERT-KOCHBUCH

おいしそう!!

OISHISOU!!

DAS ULTIMATIVE ANIME-DESSERT-KOCHBUCH

VON HADLEY SUI

FOTOS VON
EMILY HAWKES

ILLUSTRATIONEN VON
MONIQUE NARBONETA ZOSA

PANINI BOOKS

INHALT

Aus dem Panya

Aus dem Dagashiya

Ie Ni: zu Hause

Issho Ni: zum Teilen

Für meine Gastfamilien in Yoshikawa, die so freundlich waren, mich wie eine Tochter in ihrem Zuhause und ihrem Leben willkommen zu heißen.

Dieses Buch soll als Einführung in die japanische Kunst der Backwaren dienen sowie in die vielen Anime-Serien, in denen sie vorkommen. Ich hoffe, dass diese Rezepte die Grenzen deiner Küche erweitern werden und dich dazu inspirieren, noch mehr von Japans einzigartigen kulinarischen Traditionen zu erforschen. Viel Spaß bei diesem Süßwaren-Abenteuer! *Itadakimasu!*

—HADLEY SUI

EINFÜHRUNG: EIN FEST FÜR DIE AUGEN

Für viele Fans sind japanische Zeichentrickfilme – Anime – ein Tor zur japanischen Kultur, sie können eine lebenslange Leidenschaft für das Studium der japanischen Sprache und Facetten des täglichen Lebens dieser Nation schüren. Auch das Essen kann Neugier auf die Kultur und den Glauben Japans wecken. Als Anime-Zuschauer werden wir in unser ganz eigenes *Isekai* (oder Paralleluniversum) voller köstlicher Speisen versetzt, die oft auf realen Traditionen beruhen. Diese Speisen offenbaren uns neue Geschmacksrichtungen und Erfahrungen, wenn wir uns erlauben, uns in einer neuen Denkweise zu verlieren.

Gebäck ist eine der vielfältigsten Kunstformen Japans. Die Backwaren des Landes können die ständig wechselnde Schönheit der Jahreszeiten einfangen und die vergänglichen Aspekte in unseren Erfahrungen mit der Welt unterstreichen. Japanisches Gebäck ist eng verknüpft mit der traditionellen Kunst der Teezeremonie (*Sadō* oder „Weg des Tees“), aber es ist auch von verschiedenen fremden Kulturen beeinflusst, wobei es stets seinen eigenen, einzigartigen Charakter behält.

Die Rezepte in diesem Buch beruhen auf meinen Recherchen über traditionelles und nicht-traditionelles Gebäck, das durch Anime und die Rolle, die er in seinem Heimatland spielt, bekannt wurde. Als ich in Japan lebte, hatte ich das Glück, an japanischen Konditoreikursen in Kyoto teilnehmen zu können, wie etwa bei Kameya Yoshinaga, wo ich den Prozess der Gebäckkreation zu schätzen lernte und in mir der Wunsch entstand, diese Kunstform mit anderen zu teilen. Um die fantastische Natur der Anime widerzuspiegeln, greifen einige der Rezepte in diesem Band auf nicht-traditionelle Farben und Formen zurück; in diesen Fällen sind ursprüngliches Aussehen und Kontext vermerkt.

Oishisou!! Das Ultimative Anime-Dessert-Kochbuch ist eine Hommage an das Fachwissen und die Kreativität von Japans Anime-Schöpfern und seine Konditorchefs, geschrieben aus der Perspektive einer faszinierten und hungrigen Außenstehenden, die einen Blick auf ihre wunderbar süßen und süchtig machenden Kreationen wirft.

GRUNDLAGEN JAPANISCHEN GEBÄCKS

DIE URSPRÜNGE JAPANISCHEN GEBÄCKS

Japanisches Gebäck lässt sich meistens in zwei Kategorien einteilen: *Wagashi* und *Yougashi*. Das Wort *Kashi* bedeutet „Süßigkeit" und bezog sich ursprünglich auf Nüsse und Früchte. Es ist der Stamm für diese beiden Begriffe. *Wagashi* sind traditionelle japanische Süßigkeiten („wa" bedeutet „japanisch"). Die Entwicklung der *Wagashi* wurde durch das Aufkommen der Teezeremonie in Japan sowie durch die chinesische Tradition der Dim Sum beeinflusst. Es wird vermutet, dass *Dango* – kleine, kugelförmige Süßigkeiten – die allerersten japanischen *Wagashi* waren. Sie wurden höchstwahrscheinlich von Menschen erfunden, die ihre Ernährung aufgrund einer unzureichenden Nahrungsversorgung mit Eicheln ergänzten. Rohe Eicheln sind zu bitter für den Verzehr, also wurden sie gemahlen und in Wasser eingeweicht, um ihre Bitterkeit zu vermindern, und dann in Kugelform gekocht. *Dango* haben sich zu einer festen Größe in der japanischen *Wagashi*-Szene entwickelt, allerdings werden sie heute in der Regel aus Reismehl und Bohnenpaste statt aus Eicheln gemacht.

Während der Nara-Zeit (710–794 n. Chr.) brachten Gesandte die chinesische Kultur nach Japan. In dieser Epoche wurden frittierte und gekochte süße Klöße populär, obwohl diese zunächst vor allem für Opfergaben in Schreinen und Tempeln verwendet wurden. Ein dritter Vorläufer von *Wagashi* war *Tenshin*, ein japanischer Begriff, der aus dem Zen-Buddhismus abgeleitet ist und „kleine Dinge, die man dem leeren Magen beigibt" bedeutet. Die Mönche verzehrten diese Speisen, darunter Suppen, Klöße und Nudeln, um sich zwischen ihren Meditationssitzungen zu stärken. Wegen ihrer buddhistischen Ursprünge waren diese Speisen vegetarisch und wurden zu den heutigen *Yōkan* und *Manju*. Heutzutage sind die *Wagashi* einzigartig in ihrer Hingabe an die Jahreszeiten und sie werden oft in Form und Geschmack von den Eigenschaften der jeweiligen Jahreszeit in Japan beeinflusst. Ihre Gestaltung und ihre Zutaten sind auch von alter und neuer Poesie sowie von der Popkultur inspiriert.

Yougashi bezieht sich auf Süßigkeiten im westlichen Stil, zum Beispiel Kuchen, die oft mit Zutaten wie weißem Zucker und Eiern zubereitet werden. Die beliebten Erdbeertörtchen, Crêpes und Biskuitrollen gelten alle als *Yougashi*. Heutzutage sind diese Leckereien in Japan weit verbreitet und es gibt viele Geschäfte, die sich auf Kuchen, Brote und ähnliches spezialisiert haben. Japanische Zutaten und Geschmacksrichtungen werden oft in *Yougashi*-Süßwaren eingearbeitet, zum Beispiel Brote aus *Mochiko*-Reismehl und mit Matcha gewürzte Kuchen.

Nanbangashi, ein weiterer Begriff aus der japanischen Gebäckwelt, sind Süßwaren, die während der Muromachi-Zeit (1336-1573 n. Chr.) aus Portugal und Spanien eingeführt wurden, als Missionare nach Japan kamen, um den Handel zu fördern und das Christentum zu verbreiten. Eine nach wie vor beliebte Art von *Nanbangashi* ist *Konpeito*, ein Kristallbonbon, das aus Zucker statt aus natürlichen Süßungsmitteln wie *Amazura* (Efeusaft) hergestellt wird, welcher ursprünglich für *Wagashi* verwendet wurde. Im Gegensatz zu den meisten früheren *Wagashi*-Arten, die für die Elite bestimmt waren, wurden *Nanbangashi* von allen Bevölkerungsschichten konsumiert.

Neben einem feinen Augenmerk für die Jahreszeiten neigt japanisches Gebäck auch zu einem ausgeprägten Bewusstsein für lokale Geschmacksrichtungen. Japans *Omiyage*-Geschenkkultur dreht sich um lokale Produkte, Aromen und handwerkliche Spezialitäten. Es ist üblich, Familie und Freunden von einer Reise Schachteln mit *Omiyage*-Souvenir-Snacks mitzubringen. Die Landschafts- und Klimavielfalt des Landes ermöglicht das Gedeihen einer breiten Palette an Erzeugnissen, und seine lange Tradition des Kunsthandwerks hat dazu beigetragen, jede regionale Spezialität zu ihrer höchsten Form zu erheben. Viele der Gebäcksorten in diesem Buch wurden an Japan angepasst, um lokale Geschmäcker und die Kultur widerzuspiegeln.

DIE SPEISEKAMMER JAPANISCHEN GEBÄCKS

Hier sind einige der Spezialzutaten für japanisches Gebäck, die in diesem Buch verwendet werden, aufgeführt. Sie können in Asialäden oder über Online-Shops bezogen werden.

Anko
Anko, oder Adzuki-Bohnenpaste, wird durch Kochen, Zermahlen und Süßen roter Adzuki-Bohnen hergestellt. Es wird häufig in japanischem Gebäck verwendet und kann vorgefertigt in japanischen Lebensmittelgeschäften gekauft werden, wenn man keine Zeit hat, es selbst herzustellen. *Koshi-An* und *Tsubu-An* sind Arten von *Anko*.

Joshinko
Joshinko ist ein Mehl aus nicht klebrigem Rundkornreis. Es kann zu zäheren Konsistenzen als *Shiratamako* führen.

Kabocha
Kabocha ist ein japanischer Winterkürbis mit einem leuchtend gelb-orangenen Inneren. Geschmacklich ähnelt er dem Eichelkürbis. Wenn in Japan „Kürbis" als Geschmack genannt wird, ist in der Regel *Kabocha* gemeint.

Kanten
Ähnlich wie Agar (auch Agar-Agar genannt) ist *Kanten* eine gallertartige Masse aus Rotalgen, die in vielen japanischen Backwaren enthalten ist. Es wird in der Regel in Flocken- oder Pulverform angeboten und als vegetarische Alternative zu Gelatine verwendet. Es ist halbdurchsichtig und stammt von einer anderen Algenart als Agar.

Kinako
Kinako ist ein Sojabohnenpulver, das häufig als Garnierung auf Mochi-Teigwaren verwendet wird.

Koshi-An
Koshi-An ist die glatte, gesiebte Variante der roten Bohnenpaste.

Kurozatŏ
Kurozato ist japanischer schwarzer Zucker, ein unraffinierter Rohrzucker, der beim Erhitzen zu einer dunklen Melasse wird. Er wird häufig in Okinawa hergestellt.

Matcha
Matcha ist grüner Tee in Pulverform, eine der häufigsten Geschmacksrichtungen in japanischen Desserts. Er hat einen bitteren, erdigen Geschmack und wird bei der japanischen Teezeremonie oft mit *Wagashi* kombiniert. Matcha ist in verschiedenen Sorten erhältlich: zeremoniell, hochwertig und zum Kochen. Der Koch-Matcha ist der billigste und am weitesten verbreitete, hat aber eine mattere grüne Farbe und wird beim Backen braun, weshalb ich für die Rezepte in diesem Buch hochwertigen Matcha empfehle.

Mirin
Mirin ist japanischer Reiswein, der nur fürs Kochen verwendet wird. Er enthält mehr Zucker und weniger Alkohol als Sake.

Miso
Miso ist fermentierte Sojabohnenpaste und wird in roten, gelben und weißen Varianten angeboten. Rotes Miso wird am längsten fermentiert und hat den stärksten Geschmack.

Mochigome
Mochigome ist Klebreis, der für die Zubereitung von *Mochiko* verwendet wird.

Mochiko
Mochiko ist Mehl aus gekochtem, süßem Klebreis. Es wird traditionell mit Wasser und Zucker vermischt und gekocht, um Mochi herzustellen.

Kartoffelstärke
Kartoffelstärke hat ähnliche Verdickungseigenschaften wie Speisestärke und kann auch zum Bestäuben der Arbeitsfläche bei der Zubereitung von klebrigem Konfekt verwendet werden.

Satsumaimo
Satsumaimo ist das japanische Wort für Süßkartoffel und bezieht sich auf die japanische Sorte mit einer roten Schale und gelbem oder weißem Inneren.

Sesamkörner
Sowohl schwarze als auch weiße Sesamkörner sind häufige Zutaten und Garnierungen in japanischem Gebäck. Geröstete Sesamkörner können zu einer Paste zermahlen werden, was ihren nussigen Geschmack freisetzt.

Shiratamako
Shiratamako ist ein Mehl aus Klebreis, das einen festeren und elastischeren Teig als Mochiko ergibt, wodurch er sich gut als äußere Schicht von *Wagashi* eignet. Es wird aus ungekochtem Klebreis hergestellt.

Seidentofu
Seidentofu ist eine Tofusorte mit der Festigkeit und Konsistenz von Pudding. Er wird beim Backen verwendet, um eine zähe Konsistenz zu erhalten.

Tsubu-An
Tsubu-An ist grobe rote Bohnenpaste, in der noch ganze Stückchen von roten Adzuki-Bohnen vorhanden sind.

Warabi-Mochiko
Warabi-Mochiko ist ein Mehl, das aus der Stärke der Farnwurzel hergestellt wird und bestimmten Backwaren eine geleeartige Konsistenz verleiht, die sich von der von *Mochiko* unterscheidet.

DIE WELT JAPANISCHEN GEBÄCKS

Dieses Buch ist in sechs Abschnitte unterteilt, die jeweils einen Ort vorstellen, an dem sowohl in Anime als auch in Japan selbst Süßigkeiten genossen werden. Diese Orte sind *Matsuri* (Feste), *Konibini* (24-Stunden-Gemischtwarenläden), *Panya* (Bäckereien), *Dagashiya* (Konfektläden), *Ie ni* (zu Hause) und *Issho ni* (zum Teilen). Es gibt viele Überschneidungen zwischen diesen Bereichen; bestimmte Arten von Leckereien werden an einer Vielzahl unterschiedlicher Orte verkauft. Japans Dessertkultur ist grenzenlos und dieses Buch soll als Appetitanreger für weitere Erkundungen dienen!

Matsuri: Feste

Feste, auch *Omatsuri* genannt, gibt es in Japan in Hülle und Fülle. Einige der häufigsten sind Sommerfeste (*Natsu-Matsuri*), Kirschblütenfeste (*Sakura-Matsuri*) und Schul-/Kulturfeste (*Bunkasai* oder *Gakuensai*). Bei *Bunkasai*-Festen betreiben die Schüler oft ihre eigenen Stände und Aktivitäten. Das Angebot an Leckereien reicht von erfrischenden *Kakigōri* bis hin zu der allseits beliebten Zuckerwatte.

ZU SEHEN IN: *Lucky Star; The Quintessential Quintuplets; Barakamon*

Konbini: Gemischtwarenläden

Japans unglaubliche Hingebung an seine Gemischtwarenläden – zu den beliebten Ketten gehören FamilyMart, 7-Eleven und Lawson – erregt im Westen immer mehr Aufmerksamkeit. Diese Läden sind Wunderländer voll verpackter Snacks, Brote und gekühlter Süßspeisen wie *Purin* sowie einer Fülle von Süßigkeiten, und viele verkaufen eine Auswahl an kompletten Bentō-Mahlzeiten. In einem japanischen Gemischtwarenladen findest du ganz sicher alles, was du brauchst, und noch viel mehr!

ZU SEHEN IN: *Convenience Store Boy Friends; Sound! Euphonium; A Certain Scientific Railgun*

Panya: Bäckereien

In Japan haben Bäckereien oft französische Einflüsse und bieten eine breite Palette von Snack-Broten sowie klassischen Broten an. Hier erhält man die frisch gebackenen Varianten der Brote, die man auch in Gemischtwarenläden findet, wie etwa Melon-*Pan* und Windbeutel. *Panya* verkaufen fast immer *Shokupan*, ein dick geschnittenes, fluffig-weißes Milchbrot, welches die häufigste Brotsorte in Japan ist.

ZU SEHEN IN: *Yakitate!! Japan; Yumeiro Patissiere; Antique Bakery*

Dagashiya: Süßwarenläden

Dagashiya-Läden wurden während der Meiji-Zeit (1868-1912 n. Chr.) populär, obwohl der älteste, Kamikawaguchiya, bereits 1781 gegründet wurde. *Dagashi* bezieht sich auf billige Süßigkeiten und Snacks; die Leckereien, die in einem *Dagashiya* verkauft werden, kosten üblicherweise nicht mehr als 50 Yen, also rund 40 Cent. *Dagashiya* führen in der Regel Bonbons, Reiscracker und kleine Kuchen, die in der Vergangenheit oft mit Maissirup statt mit dem teureren weißen Zucker zubereitet wurden.

ZU SEHEN IN: *Fushigi Dagashiya Zenitendō; Non Non Biyori; Himouto! Umaru-chan*

Ie ni: zu Hause

Japanische Leckereien werden häufig zu Hause, dem *Ie*, zubereitet. Viele japanische Haushalte sind jedoch nicht mit großen Öfen zum Backen ausgestattet. Die meisten Rezepte in diesem Abschnitt werden daher entweder gedämpft oder benötigen ganz einfach keinen Ofen.

ZU SEHEN IN: *Anohana: Die Blume, die wir an jenem Tag sahen; Card Captor Sakura: Clear Card; Encouragement of Climb*

Issho ni: zum Teilen

Die japanische Redewendung *Ichigo Ichie* bedeutet wörtlich übersetzt „ein Mal, eine Begegnung". Im Wesentlichen ist dies eine Erinnerung daran, jede Erfahrung bewusst wahrzunehmen, während man sie macht, denn jeder Augenblick ist einzigartig und vergänglich. Der Begriff leitet sich von der japanischen Teezeremonie ab, die für Reinheit, Ruhe, Respekt und Harmonie steht – Elemente, die wir in unser tägliches Leben miteinbeziehen sollten.

ZU SEHEN IN: *Erased; Tamako Market; March Comes In Like a Lion*

ESSENSBRÄUCHE IN ANIME

Desserts sind in Anime allgegenwärtig, aber am häufigsten tauchen sie in bestimmten Handlungszusammenhängen auf, die zu gängigen erzählerischen Säulen des gesamten Genres geworden sind. Halte nach diesen Situationen Ausschau, wenn du deine Lieblingsserie schaust!

Toast der Verspätung

In Shojo-Anime gibt es oft eine Szene, in der die Heldin aus ihrem Haus rennt, spät dran für die Schule oder einen anderen Termin, mit einer Scheibe Frühstückstoast, dir ihr aus dem Mund hängt.

ZU SEHEN IN: *K-On!!; Nisekoi; Code Geass*

Valentinstagsschokolade

In Japan stellt man für den Valentinstag oft selbst Schokolade her und schenkt sie dem besonderen Jungen in seinem Leben oder einem Senpai (Mitschüler/in einer höheren Jahrgangsstufe), den oder die man bewundert. In vielen Alltags-Anime kommen Oberschülerinnen vor, die diese Leckereien heimlich anfertigen und dann dem Objekt ihrer Bewunderung überreichen.

ZU SEHEN IN: *Nah bei dir – Kimi ni Todoke; The Pet Girl of Sakurasou; You and Me*

Die Weihnachtsfeier

Weihnachten wird in Japan üblicherweise mit Freunden statt mit der Familie gefeiert. In Anime findet eine Weihnachtsfeier oft gegen Ende einer Staffel statt, unmittelbar vor einem bedeutenden Ereignis für die Hauptfigur.

ZU SEHEN IN: *Toradora!; My Hero Academia; Himouto! Umaru-chan; Das Verschwinden der Haruhi Suzumiya*

Das Schulfest

Schulfestfolgen in Anime sind immer voller Tumult und Spannung. Schüler arbeiten zusammen, um ansprechende Buden und Erlebnisse wie *Takoyaki*-Stände, Maid-Cafés und Spukhäuser zu entwerfen, und die Feste stehen zukünftigen Schülern sowie allen anderen, die sie besuchen möchten, offen.

ZU SEHEN IN: *My Hero Academia; K-On!!; My Teen Romantic Comedy SNAFU*

Das Sommerfest

Auf Sommerfesten gibt es oft eine Vielzahl japanischer Gerichte wie *Yakisoba* und *Kakigōri* sowie traditionelle Volksfest-Spiele wie das Fangen von Goldfischen mit einem Papiernetz, das sich auflöst, wenn es zu nass wird (*Kingyosukui*).

ZU SEHEN IN: *The Quintessential Quintuplets; Noragami; Pretty Cure*

Der Strandausflug

Viele Anime haben eine Sommerferienfolge, in der die Figuren einen Tag damit verbringen, bei Sonnenschein am Strand ihre Beziehungen zu vertiefen. Sie stellt eine Auszeit von intensiveren Handlungssträngen dar und schließt in der Regel eine Grillparty am Strand oder Softeis mit ein.

ZU SEHEN IN: *DARLING in the FRANXX; Love, Chunibyo & Other Delusions; Gurren Lagann*

EIN GRUNDPFEILER JAPANISCHEN GEBÄCKS: SÜSSE BOHNENPASTE

Bohnenpaste ist eine wichtige Zutat vieler japanischer Backwaren. Man geht davon aus, dass die Bohnenpaste im siebten Jahrhundert über China nach Japan gelangte und ursprünglich eine herzhafte Zutat war, die mit Salz vermischt wurde. Die süße Variante erlangte während der Edo-Ära (1603–1868 n.Chr.) überwältigende Beliebtheit, als Zucker in größerem Umfang verfügbar wurde, deshalb wird sie heute hauptsächlich für Süßspeisen verwendet. Greife auf diese Rezepte zurück, wenn du die Paste für verschiedene Füllungen und Garnierungen brauchst, die in diesem Buch verwendet werden. Die Bohnenpaste hält sich im Kühlschrank 2 bis 3 Tage und kann bis zu 1 Woche lang eingefroren werden.

ROTE BOHNENPASTE

Zeit: 75 Minuten plus Einweichen über Nacht • **Ergibt:** Etwa 480 ml

180 g getrocknete rote Adzuki-Bohnen

950 ml Wasser

170 g Zucker

¼ Teelöffel Salz

1. Adzuki-Bohnen über Nacht oder mindestens 6 Stunden lang einweichen. (Nicht länger als 24 Stunden einweichen, damit sie nicht keimen.)
2. Bohnen abspülen und abgießen, dann in einen großen Topf mit Wasser geben und bei mittlerer Hitze zum Kochen bringen. Sobald das Wasser kocht, die Hitze reduzieren und 1 Stunde lang bei schwacher Hitze köcheln.
3. Bohnen abgießen, zurück in den Topf geben und Zucker hinzufügen. 8 bis 10 Minuten bei schwacher Hitze kochen, dabei die Bohnen unter Rühren zerstampfen, sodass sich eine Paste zu bilden beginnt.
4. Die Bohnenpaste vom Herd nehmen und in eine hitzebeständige Schüssel umfüllen. Dies ist nun *Tsubu-An* (grobe rote Bohnenpaste); du kannst die Bohnenpaste 5 Sekunden lang in einem Standmixer mischen, um übrig gebliebene größere Stücke zu zerkleinern. Für *Koshi-An* (glatte rote Bohnenpaste) die Bohnenpaste durch ein feinmaschiges Sieb.
5. Die Paste kann in einem luftdichten Behälter bis zu drei Tage lang gekühlt aufbewahrt oder eingefroren werden.

WEISSE BOHNENPASTE

Zeit: 95 Minuten plus Einweichen über Nacht • **Ergibt:** Etwa 480 ml

200 g große, getrocknete weiße Bohnen (Wachsbohnen oder Cannellini-Bohnen)

950 ml Wasser

260 g Zucker

1 Prise Salz

1. Adzuki-Bohnen über Nacht oder mindestens 6 Stunden lang einweichen. (Nicht länger als 24 Stunden einweichen, damit sie nicht keimen.)
2. Bohnen abspülen und abgießen. Die Haut der Bohnen per Hand entfernen, dann in einen großen Topf mit Wasser geben und bei mittlerer Hitze zum Kochen bringen. Sobald das Wasser kocht, die Hitze reduzieren und 1 Stunde lang bei schwacher Hitze köcheln.
3. Bohnen abgießen, zurück in den Topf geben und Zucker hinzufügen. 15 Minuten bei schwacher Hitze kochen, dabei die Bohnen unter Rühren zerstampfen, sodass sich eine Paste zu bilden beginnt.
4. Die Bohnenpaste vom Herd nehmen und in eine hitzebeständige Schüssel umfüllen, dann die Bohnenpaste 30 Sekunden lang oder bis sie glatt ist in einem Standmixer mischen.
5. Die Paste kann in einem luftdichten Behälter bis zu drei Tage lang gekühlt aufbewahrt oder eingefroren werden.

VON DEN MATSURI

氷

SCHOKO-BANANE

Zeit: 10 Minuten plus 15 Minuten Einfrieren • **Ergibt:** 6 gefrorene Bananen am Stiel

Es ist leicht zu verstehen, warum dieser Snack vom Imbissstand an heißen Sommertagen zu den Favoriten gehört. Wer würde sich nicht nach einer gefrorenen Banane sehnen, die von einer köstlichen Schokoladenhülle umgeben und mit einer dekorativen Garnierung bestreut ist? Für dieses Rezept empfehle ich als Garnierung entweder zerbröselte Pocky-Sticks, dein Lieblingsmüsli oder gesündere Garnierungen wie gehackte Walnüsse oder Mandelsplitter.

3 reife Bananen

320 g hochwertige Schokolade, gehackt

120 ml Garnierung deiner Wahl

6 Stiele oder Spieße

1. Ein kleines Backblech mit Backpapier auslegen. Achte darauf, dass das Blech in dein Gefrierfach passt.
2. Bananen schälen und quer halbieren. Einen Stiel in den Boden jedes Bananenstücks stecken.
3. Schokolade in einer mikrowellentauglichen Schüssel 30 Sekunden lang bei mittlerer Leistung in der Mikrowelle erhitzen und umrühren. In 30-Sekunden-Schritten weiter erhitzen und umrühren, bis die Schokolade vollständig geschmolzen ist.
4. Jede Banane in die geschmolzene Schokolade tunken, dabei sicherstellen, dass die gesamte Oberfläche der Banane bedeckt ist. Danach die Bananen auf dem Blech legen.
5. Sofort mit der Garnierung deiner Wahl bestreuen und vor dem Verzehr mindestens 15 Minuten lang einfrieren.

ZU SEHEN IN: *Isekai Quartet, Gourmet Girl Graffiti, Remake Our Life!*

In *Isekai Quartet* findet sich eine bunt gemischte Gruppe von Figuren aus vier verschiedenen Fantasy-Welten in einer neuen Dimension wieder. Sie werden gezwungen, dieselbe Schule zu besuchen. Als sie erfahren, dass sie sich auf ein Schulfest in der folgenden Woche vorbereiten müssen, wofür sie sowohl einen Essensstand als auch ein Theaterstück organisieren sollen, ruft Viktoriya Serebryakov, „SCHOKO-BANANEN!" – offensichtlich ihre Lieblingsleckerei auf Festen.

KAKIGŌRI

Kakigori ist eine beliebte Speise auf Sommerfesten in Japan. Es gibt auch Cafés, die sich ganz dieser Spezialität widmen. Sie wurde um das elfte Jahrhundert herum als Gaumenschmaus für Wohlhabende erfunden, denn dafür mussten im Winter große Eisblöcke geschnitten und mit hohem finanziellen Aufwand bis zum Sommer in Lagerhäusern aufbewahrt werden. Dieses ursprüngliche *Kakigōri* wurde von Hand mit einem Messer abgeschabt und mit *Amazura* (Efeusaft) aromatisiert. Das moderne *Kakigōri* hat eine glattere und fluffigere Konsistenz als amerikanisches Shaved-Ice. Ich empfehle, für diese Rezepte eine kleine *Kakigōri*-Maschine zu verwenden, aber wenn du keinen Zugang zu einer solchen Maschine hast, kannst du das Eis auch in einem Mixer zerkleinern.

ZU SEHEN IN: *Non Non Biyori, Dropkick on My Devil!, Urusei Yatsura*

Früh im Verlauf von *Non Non Biyori* verbringt Hotaru den Tag mit ihrer Senpai Komari. Sie kommt elegant gekleidet zu dem Treffen, so dass Komari sie für eine stilvolle Erwachsene hält. Während ihres Ausflugs bestellt Hotaru für beide glitzerndes Matcha-*Kakigōri*-Shaved-Ice, in der Hoffnung, Komari damit noch mehr zu beeindrucken, da es als „erwachsener" Geschmack gilt. Die folgenden Rezepte enthalten viel süßen Zuckersirup, daher kann jedes Alter diese erfrischenden Köstlichkeiten genießen!

MAGISCHES MATCHA-KAKIGŌRI

Zeit: 15 Minuten • **Ergibt:** 1 Becher

MATCHA-SCHLAGSAHNE

120 g Schlagsahne

2 Teelöffel Matcha-Pulver; gesiebt

1 Teelöffel Honig

KAKIGŌRI

440 mg Eis

2 Esslöffel Matcha-Pulver; gelöst in 60 ml Wasser

3 Esslöffel Zuckersirup

120 ml gesüßte Kondensmilch

1 Teelöffel Matcha-Pulver zum Garnieren

1 Prise essbaren Silberglitzer zum Garnieren

FÜR DIE SCHLAGSAHNE:

1. Sahne in einer kalten Rührschüssel mit einem Handrührgerät bei hoher Geschwindigkeit schlagen, bis sich weiche Spitzen bilden. Das Matcha-Pulver und den Honig hinzugeben und weitere 30 Sekunden schlagen, bis alles vermischt ist.

FÜR DAS KAKIGŌRI:

1. Shaved-Ice der Anleitung der Eismaschine entsprechend vorbereiten und in eine mittelgroße Schüssel oder einen Eisbecher füllen.
2. Matcha-Flüssigkeit und Zuckersirup miteinander vermischen. Die Matcha-Mischung über das Shaved-Ice gießen, dann die gesüßte Kondensmilch über das Eis gießen.
3. Matcha-Schlagsahne mit einem Löffel auf das Shaved-Ice geben und mit dem Matcha-Pulver garnieren, indem es durch ein feinmaschiges Sieb darüber gestreut wird. Mit einer Prise essbarem Glitzer abrunden.

ORANGEN-BLÜTEN-KAKIGŌRI

Zeit: 15 Minuten • **Ergibt:** 1 Becher

440 mg Eis

½ Teelöffel Orangenblütenwasser

80 ml Zuckersirup

1 Mandarine, geschält, zerteilt und gefroren

1 Streifen einer Mandarinenschale

1. Die Mandarinenschale um einen großen Strohhalm wickeln und die Enden feststecken. Die Schale einfrieren, während das *Kakigōri* zubereitet wird.
2. Shaved-Ice der Anleitung der Eismaschine entsprechend vorbereiten und in eine mittelgroße Schüssel oder einen Eisbecher füllen.
3. In einer kleinen Schüssel Orangenwasser mit Zuckersirup vermischen. Die Mischung über das Shaved-Ice gießen.
4. Die gefrorenen Mandarinenscheiben um den Rand des *Kakigōri*-Bechers herum anrichten, dann die gefrorene Mandarinenschale von dem Strohhalm lösen und das *Kakigōri* mit der Schalenspirale garnieren.

MINI WATAAME

Zeit: 40 Minuten • **Ergibt:** 4 Mini-Zuckerwattebäusche

Wataame (auch *Watagashi* genannt) oder Zuckerwatte wurde kurz nach ihrer Erfindung in den Vereinigten Staaten im Jahr 1897 in Japan eingeführt. Heute wird sie in der Regel in Tüten verkauft, die mit Manga- und Anime-Figuren geschmückt sind, und genau wie im Westen ist sie auch eine verbreitete Leckerei auf Messen und Festen. Mit dieser Ofenversion kannst du sie auch zu Hause genießen, ganz ohne Zuckerwattemaschine. Das Rezept erfordert zwar Geduld, aber du wirst froh sein, dir die Mühe gemacht zu haben, um diesen Hauch von Sommer und Kindheit zu erleben.

255 g Zucker
120 ml Maissirup
120 ml Wasser
1 Prise Salz
2 Tropfen grüne Lebensmittel-Gelfarbe
3 Tropfen Melonenextrakt oder Aromaextrakt deiner Wahl
4 große Lutscherstiele

ZU SEHEN IN: *Barakamon, Akkun to Kanojo, Higehiro*

In Folge 10 von *Barakamon* hat der im Exil lebende Kalligraph Handa Seishu die Gelegenheit, auf ein Sommerfest zu gehen, etwas, das er aufgrund seiner zielstrebigen Hingabe an die Kunst noch nie erlebt hat. Egal, ob du zum ersten oder zum hundertsten Mal Zuckerwatte isst, dieses Rezept zaubert dir garantiert ein Lächeln ins Gesicht!

1. Eine große Arbeitsfläche freiräumen und mit Frischhaltefolie abdecken. Bei diesem Rezept wird's unordentlich!

2. Stelle eine Schale Wasser bereit. Dann verrühre Zucker, Maissirup, Wasser und Salz mit einem Gummispatel in einer mittelgroßen Pfanne bei mittlerer Hitze.

3. Sobald der Zucker geschmolzen ist, mit dem Rühren aufhören und die Mischung kochen, bis sie auf einem Zuckerthermometer 160°C erreicht. Während der Zucker kocht, können sich Kristalle an der Seite der Pfanne bilden. Tauche einen Backpinsel in Wasser und löse die Kristalle auf, wenn sie sich bilden.

4. Sobald die Zuckermischung eine Temperatur von 160°C erreicht hat, die Mischung vom Herd nehmen und in eine separate mittelgroße Schüssel gießen. Lebensmittelfarbe und Aromaextrakt hinzugeben und verrühren. (Du hast etwa 10 Minuten Zeit, um den Zucker zu verarbeiten, bis er sich verfestigt; sollte das passieren, bevor du mit dem Mischen fertig bist, stelle die Mischung 3 bis 5 Minuten lang in die Mikrowelle.)

5. Einen Schneebesen in die Zuckermischung tauchen und die Flüssigkeit aus einer Höhe von mindestens 30 Zentimetern nestförmig auf die vorbereitete Arbeitsfläche träufeln. Die Zuckerfäden werden dicker sein als bei maschinell hergestellter Zuckerwatte, aber je größer die Fallhöhe des Zuckers, desto dünner die Fäden!

6. Die Fäden zu Klumpen um die Lutscherstiele formen, solange die Mischung noch warm und bearbeitbar ist.

RINGO-AME UND ICHIGO-AME

Zeit: 30 Minuten • **Ergibt:** 4 kandierte Äpfel oder 10 kandierte Erdbeeren

Auf japanischen Festen wird man so gut wie immer einen Stand finden, der *Ringo-Ame* (kandierte Äpfel) verkauft. Diese werden manchmal von anderen kandierten Früchten wie Erdbeeren (*Ichigo-Ame*) oder Trauben flankiert, die kleiner und leichter zu essen sind. Die Entstehung von *Ringo-Ame* könnte von Chinas *Tanghulu*, den traditionell kandierten Weißdornbeeren, beeinflusst worden sein oder von den kandierten Äpfeln, die 1908 von einem Konditor in Newark, New Jersey, erfunden wurden.

360 ml Wasser
380 g Zucker
1 Teelöffel Weißweinessig
4 ganze Äpfel oder
10 ganze Erdbeeren, entstielt
4 große Bambusspieße (oder Einweg-Essstäbchen) oder 5 kleine Bambusspieße
¼ Teelöffel rote Lebensmittel-Gelfarbe
¼ Teelöffel gemahlener Zimt
1 Prise essbarer roter Glitzer

1. Wasser, Zucker und Essig in einem großen Topf bei mittlerer Hitze verrühren. Sobald sich der Zucker aufgelöst hat, mit dem Rühren aufhören und die Mischung zum Kochen bringen.
2. Inzwischen ein großes Backblech mit Backpapier auslegen. Äpfel oder Erdbeeren waschen und vollständig abtrocknen. Jede Frucht auf einen Bambusspieß stecken. Du kannst auch zwei oder drei Erdbeeren auf jeden Spieß stecken.
3. Die Zuckermischung etwa 20 Minuten lang erhitzen oder bis ein Zuckerthermometer 150°C anzeigt. Den Topf vom Herd nehmen, sobald diese Temperatur erreicht ist.
4. Rote Lebensmittelfarbe und Zimt mit einem Gummispatel untermischen und 1 Minute warten, bis die Blasen verschwunden sind. Dann den Topf so neigen, dass der größte Teil der Zuckerflüssigkeit auf eine Seite fließt. Schnell jede Frucht in die Mischung tunken, so dass sie vollständig bedeckt ist, und die getunkten Früchte auf das vorbereitete Backpapier legen.
5. Vor dem Verzehr mit essbarem roten Glitzer verzieren und die Glasur abkühlen und erhärten lassen!

ZU SEHEN IN: *The Quintessential Quintuplets, Guilty Crown, Die Welt in allen Farben: Iroduku*

In Folge 4 von *The Quintessential Quintuplets* besuchen Futaro Uesugi, seine Schwester Riha und die Nakano-Fünflinge ein Sommerfest, wo sie alle in der Menge getrennt werden. Die Freunde entdecken im Laufe des Abends viele Leckereien, und Riha gibt Yotsuba (dem vierten Fünfling) ihren kandierten Apfel, damit Yotsuba sich nicht von ihrem Treffpunkt entfernt, um Snacks zu holen.

TAIYAKI

Für die Zubereitung dieser Rezepte benötigst du eine *Taiyaki*-Form. *Taiyaki*-Formen gibt es als Elektro- oder Herdplattenvarianten. Wenn du eine elektrische Form verwendest, befolge die Anleitung des Geräts. Wenn du auf dem Herd kochst, befolge die unten stehenden Anweisungen. Ich empfehle, zwischen den einzelnen Pfannkuchen alle Teigreste aus der *Taiyaki*-Form zu entfernen. Zusätzlich zum klassischen *Taiyaki*-Rezept habe ich auch eine Erdbeer-Bananen-*Taiyaki*-Variante beigefügt. Achte darauf, nicht zu viel Füllung zu verwenden, sonst platzt dein *Taiyaki* aus allen Nähten!

ZU SEHEN IN: *Miss Kobayashi's Dragon Maid, Kanon, Princess Jellyfish*

Zu Beginn der 2. Staffel von *Miss Kobayashi's Dragon Maid* sieht man Elma (einen Drachen in Menschengestalt), wie sie sich eine Tüte *Taiyaki*-Pfannkuchen gönnt. Als sie so gedankenversunken vor sich hin schlendert, wird sie plötzlich von Tohru (ebenfalls ein Drache) ins Gesicht geschlagen. Elma isst schnell ihre *Taiyaki* auf, bevor sie erklärt, dass sie nicht die Schuldige ist, nach der Tohru sucht. Ich garantiere dir, dass dich nichts von diesen köstlichen gefüllten Pfannkuchen ablenken kann, genau wie Elma!

Taiyaki sind fischförmige, mit Sahne oder roter Bohnenpaste gefüllte Pfannkuchen, die auf Festen und an Straßenständen verkauft werden. *Tai* bedeutet „Seebrasse", eine Fischart, die Glück bringen soll. *Taiyaki* wurde in Japan erstmals 1909 während der Meiji-Zeit (1868-1912 n. Chr.) als abgewandelte Form von *Imagawayaki* verkauft, einem beliebten runden Snack, der aus Bohnenpaste besteht, die in eine Teigschicht verpackt ist.

HAUSGEMACHTE CREMEFÜLLUNG

Zeit: 15 Minuten plus 2 Stunden im Kühlschrank • **Ergibt:** Etwa 360 ml

240 ml Vollmilch
1 Teelöffel Vanilleextrakt
30 g Zucker
1 ½ Esslöffel Speisestärke
⅛ Teelöffel Salz
2 große Eigelb
1 Esslöffel ungesalzene Butter; gewürfelt

1. In einer großen Schüssel ein Eisbad für einen Topf vorbereiten.
2. Milch und den Vanilleextrakt in einem mittelgroßen Topf verrühren. Bei mittlerer Hitze zum Köcheln bringen.
3. Zucker, Speisestärke, Salz und Eigelb in einer hitzebeständigen Schüssel verquirlen. Dann die köchelnde Milchmischung hineingießen und unter ständigem Quirlen vermengen.
4. Den Inhalt zurück in den Topf gießen und weiter bei schwacher bis mittlerer Hitze rühren, bis die Mischung einzudicken beginnt.
5. Weiter rühren, bis sich große Blasen zu bilden beginnen, etwa 1 Minute lang. Dann noch eine Minute weiter rühren, die Mischung vom Herd nehmen und den Topf in das vorbereitete Eisbad stellen.
6. Die gewürfelte Butter hinzugeben und mit dem Schneebesen unterrühren, dann die Cremefüllung durch ein feinmaschiges Sieb in eine mittelgroße Schüssel abseihen, um Eierreste zu entfernen.
7. Cremefüllung mit Frischhaltefolie abdecken. Dabei darauf achten, dass die Folie die Creme berührt, damit sich während des Ruhens keine Haut auf der Oberfläche bildet, und mindestens 2 Stunden lang in den Kühlschrank stellen.

KLASSISCHE TAIYAKI

Zeit: 1 Stunde • **Ergibt:** 5 Pfannkuchen

160 g feines Mehl
1 Teelöffel Backpulver
3 Esslöffel brauner Zucker
1 Teelöffel Backnatron
1 großes Ei
120 ml Vollmilch
60 ml Wasser
1 Teelöffel Sojasoße
Backtrennspray oder 1 Esslöffel Pflanzenöl
5 Esslöffel Cremefüllung (hausgemachte Cremefüllung, Seite 24) oder rote Bohnenpaste (Seite 12)

1. Mehl, Backpulver, Zucker und Backnatron in einer großen Schüssel verquirlen.
2. Ei, Vollmilch, Wasser und Sojasoße in einer separaten mittelgroßen Schüssel verquirlen.
3. Die feuchte Mischung in die trockene Mischung gießen und zu einem Teig verrühren. Die Schüssel mit Frischhaltefolie abdecken und 30 Minuten lang ruhen lassen.
4. *Taiyaki*-Form mit Backtrennspray besprühen oder mit Pflanzenöl einpinseln. Dabei darauf achten, dass es jede Ecke und jeden Winkel der Form bedeckt.
5. Teig mit einem Löffel in die Hälfte der *Taiyaki*-Form geben, sodass alle Ecken gefüllt sind (etwa 1½ Esslöffel). Form schließen und bei mittlerer Hitze 1 Minute lang backen.
6. Form öffnen und 1 Esslöffel Cremefüllung auf den gebackenen *Taiyaki*-Teig geben. Form schließen und weitere 1½ Minuten lang backen.
7. Die Cremefüllung mit mehr *Taiyaki*-Teig bedecken, so dass die Creme vollständig bedeckt ist.
8. Form umdrehen und 2 Minuten lang auf der anderen Seite backen. Das fertige *Taiyaki* sollte eine leicht goldbraune Farbe haben.

ERDBEER-BANANE-TAIYAKI

Zeit: 1 Stunde, 10 Minuten • **Ergibt:** 5 Pfannkuchen

160 g feines Mehl
1 Teelöffel Backpulver
3 Esslöffel Zucker
1 Packung Erdbeer-Gelatine-Fix
1 Teelöffel Backnatron
1 großes Ei
180 ml Vollmilch
Backtrennspray oder 1 Esslöffel Pflanzenöl
1 kleine Banane, geschält, kleingehackt und mit 1 Teelöffel Zucker vermengt
5 Teelöffel Erdbeermarmelade

1. Mehl, Backpulver, Zucker, Erdbeer-Gelatine-Fix und Backpulver in einer großen Schüssel verquirlen.
2. Ei und Vollmilch in einer separaten mittelgroßen Schüssel vermischen.
3. Die feuchte Mischung in die trockene Mischung gießen und unter Rühren vermengen. Die Schüssel mit Frischhaltefolie abdecken und 30 Minuten lang ruhen lassen.
4. *Taiyaki*-Form mit Backtrennspray besprühen oder mit Pflanzenöl einpinseln. Dabei darauf achten, dass es jede Ecke und jeden Winkel der Form bedeckt.
5. Teig mit einem Löffel in die Hälfte der *Taiyaki*-Form geben, sodass alle Ecken gefüllt sind (etwa 1½ Esslöffel). Form schließen und bei mittlerer Hitze 1 Minute lang backen.
6. Form öffnen und 1 Esslöffel gehackte Banane zusammen mit 1 Teelöffel Erdbeermarmelade auf den gebackenen *Taiyaki*-Teig geben. Form schließen und weitere 1½ Minuten lang backen.
7. Die Früchte mit mehr *Taiyaki*-Teig bedecken, so dass die Füllung vollständig bedeckt ist.
8. Form umdrehen und 2 Minuten lang auf der anderen Seite backen. Das fertige *Taiyaki* sollte rosa und um die Ränder goldbraun sein.

SAMTROTES NUTELLA-TAIYAKI

Zeit: 1 Stunde • **Ergibt:** 5 Pfannkuchen

160 g feines Mehl

1 Teelöffel Backpulver

3 Esslöffel Zucker

1 Esslöffel Kakaopulver

1 Teelöffel Backnatron

1 großes Ei

1 Teelöffel rote Lebensmittel-Gelfarbe

180 ml Vollmilch

Backtrennspray oder 1 Esslöffel Pflanzenöl

5 Esslöffel Nutella, gekühlt

1. Mehl, Backpulver, Zucker, Kakaopulver und Backnatron in einer großen Schüssel vermischen.
2. Ei, Lebensmittelfarbe und Vollmilch in einer separaten mittelgroßen Schüssel verrühren.
3. Die feuchte Mischung in die trockene Mischung gießen und unter Rühren vermengen. Die Schüssel mit Frischhaltefolie abdecken und 30 Minuten lang ruhen lassen.
4. *Taiyaki*-Form mit Backtrennspray besprühen oder mit Pflanzenöl einpinseln. Dabei darauf achten, dass es jede Ecke und jeden Winkel der Form bedeckt.
5. Teig mit einem Löffel in die Hälfte der *Taiyaki*-Form geben, sodass alle Ecken gefüllt sind (etwa 1½ Esslöffel). Form schließen und bei mittlerer Hitze 1 Minute lang backen.
6. Form öffnen und 1 Esslöffel Nutella auf den gebackenen *Taiyaki*-Teig geben. Form schließen und weitere 1½ Minuten lang backen.
7. Das Nutella mit mehr *Taiyaki*-Teig bedecken, so dass es vollständig bedeckt ist.
8. Form umdrehen und 2 Minuten lang auf der anderen Seite backen. Das fertige *Taiyaki* sollte eine rostrote Farbe haben.

YAKIIMO

Zeit: 1 Stunde, 10 Minuten • **Ergibt:** 5 Kartoffeln

Süßkartoffel ist in Japan eine beliebte Geschmacksrichtung, besonders im Herbst. *Yakiimo* werden oft aus Wagen hinaus verkauft, die ihre eigene Musik spielen. Sie schmecken köstlich; Butter und Zucker müssen nicht sein, sind aber gerne gesehen. Die Kartoffeln beim Backen in Alufolie einzuwickeln, verleiht ihnen eine kuchenähnliche Konsistenz, du kannst sie aber auch ohne Folie backen, dann werden sie außen knuspriger.

5 große *Satsumaimo* (Japanische Süßkartoffeln)

5 Esslöffel gesalzene Butter

1. Backofen auf 190°C vorheizen.
2. Süßkartoffeln waschen und trocknen.
3. Mit einer Gabel oder einem Messer einige Löcher in die Kartoffeln stechen, in Alufolie wickeln und gleichmäßig auf einem großem Backblech verteilen.
4. 1 Stunde lang backen, 5 bis 10 Minuten lang abkühlen lassen und genießen! Wenn das Ergebnis zu süß ist, kannst du nach Belieben 1 Esslöffel Butter hinzufügen.

ZU SEHEN IN: *Shigatsu wa Kimi no Uso: Sekunden in Moll, Sound! Euphonium, Love Live! Sunshine!!*

Yakiimo sind warme, im Ganzen geröstete *Satsumaimo*. In *Shigatsu wa Kimi no Uso* bringt Kousei Arima seiner Klavierschülerin Nagi Aiza eine *Yakiimo* als Friedensangebot, um sich für seinen strengen Unterrichtsstil zu entschuldigen. Angesichts der köstlichen Kartoffel verzeiht Nagi ihm. Wenn du das nächste Mal die Wogen zwischen dir und einem Freund glätten musst, solltest du ihm eine *Yakiimo* zubereiten, um ihm die Sache zu versüßen!

AUS DEM KONBINI

PURIN
JAPANISCHER VANILLEPUDDING

Zeit: 1 Stunde, 15 Minuten plus 2 Stunden Abkühlzeit • **Ergibt:** Fünf 7½ cm große Puddingförmchen

Pudding kommt ursprünglich aus Europa, doch Japan hat seine Wertschätzung für diese wackeligen Desserts auf die nächste Stufe gehoben. *Purin* – auch bekannt als Crème Caramel oder Flan –, ein auffallend buttergelber Pudding mit einer ausgeprägten Schicht Karamellsoße, ist in Anime allgegenwärtig. Dieses Rezept ist für *Yaki,* also gebackenen Pudding, aber du kannst auch eine gedämpfte (*Mushi*) Version machen oder Gelatine für eine Variante ohne Backen verwenden.

PUDDING

720 ml Wasser oder genug, um die Puddingformen 4 cm hoch in Wasser zu stellen
Backtrennspray
480 ml Vollmilch
85 g Zucker
1 Teelöffel Vanilleextrakt
4 große Eier
40 g frische oder eingelegte Früchte (z.B. ganze Himbeeren, halbierte Kirschen oder gehackte Kiwi) zum Garnieren
1 kleiner Zweig frische Minze zum Garnieren

KARAMELLSOSSE

6 Esslöffel Zucker
3 Esslöffel Wasser

ZU SEHEN IN: *Assassination Classroom, The Moment You Fall in Love, Nananas geheimnisvoller Schatz*

In *Assassination Classroom* kreieren Kaede Kayano und ihre Klassenkameraden einen gigantischen „Killerpudding“ mit einer darin versteckten Bombe. Dieses explosive Dessert ist für ihren Klassenlehrer gedacht. Anstatt sich ins Verderben zu futtern, entschärft Koro-Sensei die Bombe und teilt den Pudding mit seinen Schülern.

1. Für den Pudding: Backofen auf 150°C vorheizen. Währenddessen Wasser in einem Topf bei mittlerer Hitze zum Köcheln bringen.

2. 5 Förmchen dünn mit Backtrennspray einsprühen.

3. Für die Karamellsoße: Zucker und 2 Esslöffel Wasser in einem separaten Topf bei mittlerer bis starker Hitze erwärmen. Etwa 5 Minuten lang kochen, bis das Gemisch bernsteinfarben ist, dann einen weiteren Esslöffel Wasser hinzufügen und umrühren.

4. Die Karamellsoße gleichmäßig auf dem Boden jedes Förmchens verteilen.

5. Für den Pudding: Milch in einem weiteren Topf bei mittlerer Hitze etwa 3 Minuten lang auf 60°C erwärmen. Zucker und Vanilleextrakt hinzugeben und langsam rühren, bis sie sich auflösen, dann vom Herd nehmen.

6. Eier in einer mittelgroßen Schüssel schlagen, dann die warme Milchmischung langsam und unter ständigem Rühren mit dem Schneebesen in die Eimischung einfließen lassen.

7. Die Mischung durch ein feinmaschiges Sieb seihen, dann gleichmäßig auf die Puddingformen verteilen.

8. Eine große Backform etwa 4 Zentimeter hoch mit heißem Wasser füllen und die Puddingformen hineinstellen. Die Formen sollten bis zur Hälfte im Wasser stehen.

9. Etwa 1 Stunde lang backen, bis der Pudding nicht mehr flüssig ist und ein wenig wackelt. Mindestens 2 Stunden lang in den Kühlschrank stellen.

10. Mit einem Messer vorsichtig den Pudding aus der Form lösen. Teller über die Förmchen stülpen und umdrehen, dann die Förmchen vorsichtig abheben. Mit Früchten und Minze garnieren.

POCKY-KEKS-STICKS

Die 1966 erstmals verkauften Pocky-Kekse wurden von Yoshiaki Koma erfunden. Die mit Schokolade überzogenen Keksstangen erhielten ihren Namen von *Pokkin*, dem japanischen lautmalenden Wort für das Geräusch eines zerbrechenden Stöckchens. Nach dem Erfolg des ursprünglichen Pocky-Schokoladenkekses werden heute unzählige verschiedene Geschmackssorten für den weltweiten Verzehr hergestellt, darunter viele, die nur zu bestimmten Zeiten im Jahr verkauft werden.

ZU SEHEN IN: *Ga-Rei: Zero, Akame ga Kill!, Hyakko*

In einer Szene von *Ga-Rei: Zero* teilen Yomi und Kaura einen Kuss, nachdem sie das „Pocky-Spiel“ gespielt haben. Das ist ein japanisches Partyspiel, bei dem zwei Personen jeweils in ein Ende eines Pocky-Sticks beißen. Wer zuerst die Mitte des Pocky erreicht, hat gewonnen, wer das Pocky loslässt, hat verloren, und wenn man sich in der Mitte trifft, endet es unentschieden.

POCKY-KEKS-GRUNDLAGE

Zeit: 45 Minuten • **Ergibt:** Vierzig 10 Zentimeter lange Sticks

4 Esslöffel ungesalzene Butter in Raumtemperatur
30 g Zucker
½ Teelöffel Vanilleextrakt
1 großes Ei
140 g Brotmehl plus mehr zum Bestäuben der Arbeitsfläche
½ Teelöffel Backpulver
½ Teelöffel Salz
4 Teelöffel Wasser in Raumtemperatur

1. Backofen auf 150°C vorheizen.
2. Butter, Zucker und Vanilleextrakt mit einem Schneebesen vermischen, dann das Ei dazugeben und weiter verrühren.
3. Mehl in eine Schüssel sieben und mit Backpulver und Salz vermischen. Die trockene Mischung in drei Schritten zu der feuchten Mischung geben und zu einem Teig verarbeiten. Wasser dazu geben, bis der Teig eine glatte, knetbare Konsistenz hat.
4. Arbeitsfläche mit Mehl bestäuben und den Teig mit der Hand zu dünnen, zylindrischen Formen rollen, ungefähr 10 bis 12 Zentimeter lang und etwas über einen halben Zentimeter dick.
5. Die ungebackenen Pocky-Sticks in einer Reihe auf ein großes, mit Backpapier ausgelegtes Blech legen und 16 Minuten lang backen, die Sticks nach 8 Minuten umdrehen. Aus dem Ofen nehmen und abkühlen lassen.

POCKY-ÜBERZÜGE UND -GARNIERUNGEN

Achte bei der Arbeit mit Schokolade darauf, dass du Lebensmittelfarben auf Ölbasis verwendest, damit die Schokolade bei Kontakt mit Feuchtigkeit nicht kristallisiert und hart und unbrauchbar wird!

FRÜHLING/HARU: SAKURA-POCKY

160 g weiße Schokolade, gehackt

2 Tropfen ölbasierter Kirschenextrakt

1 Esslöffel getrocknete essbare Sakura-Blüten

SOMMER/NATSU: MELONEN-SCHWARZER-ZUCKER-POCKY

160 g weiße Schokolade, gehackt

2 Tropfen ölbasierter Melonenextrakt

2 Tropfen ölbasierte grüne Lebensmittelfarbe

1 Esslöffel zerbröselte Eiswaffel oder schwarzer Zucker aus Okinawa

HERBST/AKI: SÜSSKARTOFFEL-KASTANIEN-POCKY

160 g weiße Schokolade, gehackt

½ Teelöffel lila Süßkartoffelpulver

1 geröstete, geschälte Kastanie, fein gehackt

WINTER/FUYU: ZARTBITTERSCHOKOLADE-ORANGE-POCKY

160 g Zartbitterschokolade, gehackt

1 Esslöffel kandierte Orangenschale, gehackt

1. Die Schokolade in eine hitzebeständige Schüssel geben. Bei mittlerer Leistung in der Mikrowelle erhitzen, bis die Schokolade auf einem Zuckerthermometer entweder 43°C für Milch- oder weiße Schokolade oder 46°C für dunkle oder Zartbitterschokolade erreicht.

2. Die geschmolzene Schokolade rühren, bis sie auf eine Temperatur zwischen 31° und 32°C für Zartbitterschokolade, 29° und 30°C für Milchschokolade oder 28° und 29°C für weiße Schokolade abgekühlt ist.

3. Den Aromaextrakt (falls erforderlich) hinzugeben und unterrühren.

4. Die gebackenen Pocky-Sticks in die Schokolade tauchen, dabei etwa ¼ des Sticks an einem Ende frei lassen, um die Handhabung zu erleichtern. Die überzogenen Pocky zum Abkühlen auf Backpapier legen und mit der Garnierung deiner Wahl bestreuen, solange die Schokolade noch feucht ist. Die fertigen Pocky in einem luftdichten Behälter aufbewahren.

BANANENMILCH

Zeit: 10 Minuten • **Ergibt:** 1 Glas Bananenmilch

In Japans *Konbini* gibt es eine ganze Welt von abgefüllten Getränken zu entdecken und Bananenmilch ist nur die Spitze des Eisbergs. Getränke in Flaschen und Kartons können auch an einem der zahlreichen Automaten gekauft werden, von denen viele sowohl kalte als auch warme Getränke bereit halten.

1 Banane, geschält

120 ml Vollmilch

60 ml Wasser

1 Esslöffel Honig

½ Teelöffel Vanilleextrakt

1. Alle Zutaten in einen Mixer geben.
2. Bei mittlerer Geschwindigkeit vermischen, bis alle großen Stücke zerkleinert sind.
3. Sofort genießen!

ZU SEHEN IN: *Your Name, After the Rain*

Zusammen mit der Erdbeermilch hat die Bananenmilch in Japan Kultstatus erreicht. In dem Film *Your Name* schlürft Mitsuha Miyamizu eine Packung Bananenmilch, während sie über ihr launisches Verhalten ihren Freunden gegenüber nachdenkt. Mitsuha war in letzter Zeit nicht sie selbst und bald finden wir heraus, dass das daran liegt, dass sie mit einem Teenager, der in Tokio lebt, den Körper getauscht hat. Hoffentlich bist du in deinem Leben nicht mit so etwas Verstörendem konfrontiert, aber wenn doch, dann hilft dir ein Glas Bananenmilch bestimmt!

HANAMI-DANGO

Zeit: 30 Minuten • **Ergibt:** 4 *Dango*-Spieße (12 einzelne Klöße)

Auch als *Sanshoku-Dango* bekannt („san" deutet auf drei Farben hin), bestehen *Hanami-Dango* aus dreifarbigen Klößen, die auf kleinen Bambusspießen serviert werden. Der weiße Kloß soll für den letzten Schnee des Winters stehen, der rosafarbene für die Kirschblüte und der grüne für den Frühling und das junge Gras. *Hanami* bedeutet „Blütenschau" und bezieht sich auf den japanischen Zeitvertreib, im Freien zu sitzen, um die Sakura-Blüten im Frühling zu bewundern, meist begleitet von einem Picknick. Der grüne Kloß wird üblicherweise mit *Yomogi*, Beifuß, gewürzt, einer Pflanze, die in Japan als Wildkraut wächst. *Yomogi* hat in der Regel ein dunkelgrüneres Erscheinungsbild als Matcha-Pulver. Der rosa *Dango* wurde ursprünglich mit lila *Shiso* (Perillablatt) oder eingelegten Sakura-Blüten gefärbt aber heute werden sie eher mit rosa Lebensmittelfarbe gefärbt und die rosa und weißen Klöße werden nicht gewürzt. In diesem Rezept werden gefriergetrocknete Erdbeeren verwendet, um ein wunderschönes rosa *Dango* zu erhalten, da diese Zutat in Europa leicht zu bekommen ist. *Hanami-Dango* haben die gleichen festlichen Frühlingsfarben wie die *Hishi-Mochi* (Seite 85).

100 g Block Seidentofu
80 g *Shiratamako* oder normales Klebreismehl
80 g *Joshinko*
2 Esslöffel Zucker
½ Teelöffel gemahlener Beifuß oder Matcha-Pulver
25 g gefriergetrocknete Erdbeeren, in der Gewürzmühle zu Pulver gemahlen
4 kleine Bambusspieße

1. Einen kleinen Topf mit Wasser füllen und bei mittlerer Hitze zum Kochen bringen.
2. Seidentofu in einer mittelgroßen Schüssel mit einer Gabel zerdrücken. Dann den zerdrückten Tofu, *Shiratamako*, *Joshinko* und Zucker vermischen und die Zutaten zu einem Teig verkneten.
3. Den Teig in 12 gleich große Bällchen aufteilen.
4. Ein Eisbad vorbereiten.
5. Beifuß- oder Matchapulver in vier der Bällchen verkneten und Erdbeerpulver in weitere vier der Bällchen verkneten.
6. Die Bällchen mithilfe eines feinmaschigen Siebs vorsichtig in das siedende Wasser geben.
7. 3 Minuten lang köcheln, dabei gelegentlich umrühren, damit die *Dango*-Bällchen nicht an der Topfwand kleben bleiben. Dann mit einem Sieb oder Schaumlöffel aus dem Wasser nehmen und sofort ins Eiswasserbad legen.
8. Die kleinen Spieße befeuchten und ein *Dango*-Bällchen jeder Farbe auf jeden Spieß schieben. Normalerweise kommt das grüne *Dango*-Bällchen zuerst drauf, dann weiß und schließlich rosa.

ZU SEHEN IN: *Clannad, Naruto: Shippūden, Touken Ranbu: Hanamaru*

In Folge 2 von Clannad beschließt Tomoya Okazaki Nagisa Furukawa aufzumuntern, indem er einige *Hanami-Dango* macht, um ihr dabei zu helfen, die Leute in ihre Schul-Theatergruppe zu locken. Ich schlage vor, ein paar *Hanami-Dango* zu machen, wenn du das nächste Mal jemand Besonderen beeindrucken willst!

MITARASHI-DANGO

Zeit: 30 Minuten • **Ergibt:** 4 Dango-Spieße (12 einzelne Klöße)

Mitarashi-Dango sind Reisknödel mit einer süßen Sojasoßenglasur, die typischerweise auf Spießen in Dreiersets serviert werden. Sie stammen aus dem Teehaus Kamo Mitarashi in Kyoto, das sich in der Nähe des Shimogamo-Schreins befindet, und sind nach den Blasen in den *Mitarashi* benannt, den Wasserbecken am Eingang eines Schreins. Im Laufe der Jahre wurden sie immer beliebter und werden heute in verschiedenen Teehäusern und sogar in einigen Gemischtwarenläden angeboten.

DANGO-KLÖSSE

100 g Seidentofu

80 g *Shiratamako* oder 40 g *Shiratamako* mit 40 g *Joshinko*

4 kleine Bambusspieße

SOSSE

1 Esslöffel Sojasoße

2 Teelöffel Mirin

3 Esslöffel Wasser

3 Esslöffel weißer oder brauner Zucker

1 Teelöffel Kartoffelstärke oder Speisestärke

ZU SEHEN IN: *Yotsuiro Biyori, Charlotte, Samurai Champloo*

In den ersten Minuten von *Yotsuiro Biyori* werden die Zuschauer mit dem leckeren Anblick der Zubereitung von *Mitarashi-Dango* beglückt. Im Café Rokuhōdō widmen sich der Besitzer Sui Tougoku und seine strammen Mitarbeiter Gure, Tsubaki und Tokitaka der Kunst, das Leben durch Essen zu genießen, insbesondere durch Süßspeisen. Wie Sui sagt: „Niemand braucht Süßigkeiten zum Überleben, aber sie verschaffen uns ein wenig Erleichterung."

FÜR DIE DANGO-KLÖSSE:

1. Einen kleinen Topf mit Wasser füllen und Hitze zum Kochen bringen.
2. Seidentofu in einer mittelgroßen Schüssel mit einer Gabel zerdrücken. Dann den zerdrückten Tofu, *Shiratamako*, *Joshinko* und Zucker vermischen und die Zutaten zu einem Teig verkneten.
3. Den Teig in 12 gleich große Bällchen aufteilen.
4. Ein Eisbad vorbereiten.
5. Die Bällchen mithilfe eines feinmaschigen Siebs vorsichtig in das siedende Wasser geben.
6. 3 Minuten lang köcheln, dabei gelegentlich umrühren, damit die *Dango*-Bällchen nicht an der Topfwand kleben bleiben. Dann mit einem Sieb oder Schaumlöffel aus dem Wasser nehmen und sofort ins Eiswasserbad legen.

FÜR DIE SOSSE:

1. Alle Soßenzutaten in einen kleinen Topf geben und verrühren, bis sich die Kartoffelstärke auflöst. Die Mischung bei mittlerer Hitze erwärmen und mit einem Schneebesen rühren, bis die Soße einzudicken beginnt. Sobald die Soße dick und sämig ist (nach etwa 6 Minuten), den Topf vom Herd nehmen.
2. Die kleinen Spieße mit Wasser befeuchten und die *Dango*-Bällchen daraufschieben, 3 pro Spieß.
3. Die *Dango*-Spieße in einer Grillpfanne bei mittlerer Hitze von beiden Seiten grillen, bis sich Krusten bilden. (Du kannst diesen Schritt überspringen und zu Schritt Nummer 4 übergehen, wenn du möchtest).
4. Die Soße über die Knödel gießen und sofort servieren.

PILZPRALINEN

Zeit: 40 Minuten Vorbereitung plus 30 Minuten im Kühlschrank • **Ergibt:** 20 Schokoladenpilze

Kinoko no Yama oder „Pilzberg" ist ein beliebter Marken-Schokoladenkeks, der in Gemischtwarenläden verkauft wird und aus einem Keksstiel mit einem Schokoladenpilzhut besteht. Der Hersteller stellt auch Takenoko no Sato her, bambusförmige Kekse, die genauso schmecken wie Kinoko no Yama (es sei denn, du bist Sorata Kanda in *The Pet Girl of Sakurasou*). Mit diesem Rezept kannst du diese feste Größe im Snack-Sortiment selber backen und verleihst allem ein wenig buntes Schokoladenflair. Wenn man Schokoladenpilze isst, kann man sich ein Lächeln nicht verkneifen!

4 Esslöffel ungesalzene Butter in Raumtemperatur
30 g Zucker
½ Teelöffel Vanilleextrakt
1 großes Ei
½ Teelöffel Backpulver
135 g Brotmehl plus mehr zum Bestäuben der Arbeitsfläche
½ Teelöffel Salz
4 Teelöffel Wasser
20 Mini-Muffin- oder Pralinenförmchen aus Papier, ca. 2 bis 3 Zentimeter Durchmesser
400 g weiße Schokolade, gehackt
1 Tropfen ölbasierter Aromaextrakt (optional)
3 Tropfen ölbasierte rote Lebensmittelfarbe

1. Backofen auf 150°C vorheizen.
2. Butter, Zucker und Vanilleextrakt in einer großen Rührschüssel vermischen. Ei und Backpulver hinzugeben und verrühren. Dann schrittweise Mehl und Salz hinzufügen und mit einem Holzlöffel zu einem Teig verarbeiten. Zum Schluss Wasser hinzufügen und den Teig so lange vermischen, bis er eine glatte, knetbare Konsistenz hat.
3. Arbeitsfläche mit Mehl bestäuben und den Teig zu mindestens zwanzig zylindrischen Formen ausrollen, 4 Zentimeter lang, ½ Zentimeter breit. Die Pilzstiele mit einem Messer auf eine einheitliche Größe zuschneiden und dann auf ein großes, mit Backpapier ausgelegtes Backblech legen.
4. 14 Minuten lang backen, dabei das Blech nach der Hälfte der Zeit umdrehen. Aus dem Ofen nehmen und abkühlen lassen.
5. Zwanzig Mini-Förmchen aus Papier auf einem großen Blech anordnen.
6. 40 g der weißen Schokolade gesondert in eine kleine hitzebeständige Schüssel geben, die restlichen 360 g Schokolade in eine mittelgroße, hitzebeständige Schüssel geben.

ZU SEHEN IN: *The Pet Girl of Sakurasou*

Im Mittelpunkt von *The Pet Girl of Sakurasou* stehen Mashiro Shiina, eine weltberühmte Künstlerin ohne gesunden Menschenverstand, und Sorata Kanda, ein Junge, der es sich zur Aufgabe macht, ihr zu helfen. In Folge 15 werden Sorata ein paar Schokoladenkekse in Pilzform angeboten, doch er sagt, dass er jene bevorzugt, die wie Bambussprösslinge aussehen. Später, in Folge 17, schenkt Mashiro Sorata am Valentinstag eine Schachtel Bambussprossenkekse, weil sie sich daran erinnert, dass er diese Form lieber mag.

7. Die 40 g Schokolade in der Mikrowelle bei mittlerer Leistung 30 Sekunden lang erhitzen. Weitere 30 Sekunden erhitzen, dann 15 Sekunden, dann 10 Sekunden, bis die Schokolade glatt gerührt werden kann. Ölbasierten Aromaextrakt hinzugeben, falls gewünscht, und unterrühren.

8. Einen Spritzbeutel mit der geschmolzenen Schokolade füllen und ein sehr kleines Loch in die Spitze schneiden. Auf den Boden und die Innenseiten jedes Papierbackförmchens Tüpfelchen spritzen. Die Förmchen 10 Minuten lang in den Kühlschrank stellen.

9. Die restlichen 360 g Schokolade in der Mikrowelle erhitzen, bis sie glatt ist, mit der oben in Schritt 7 beschriebenen Methode. Rote Lebensmittelfarbe hinzufügen, vermischen und die nun rote Schokolade in die Förmchen spritzen, sodass sie zu etwa ¾ voll sind.

10. Je einen Keksstiel in jedes Förmchen stecken, solange die rote Schokolade noch feucht ist, und die Pilze 30 Minuten lang kalt stellen, bevor sie aus der Papierhülle genommen werden. Für optimalen Geschmack sollten sie vor dem Verzehr 10 Minuten lang bei Raumtemperatur ruhen.

YŌKAN

Zeit: 15 Minuten plus 3 Stunden Abkühlzeit • **Ergibt:** 12 *Yōkan*-Vierecke

Yōkan oder *Mizu-Yōkan* ist ein Gelee aus roten Bohnen, wobei es auch eine Reihe anderer Geschmacksrichtungen gibt, darunter Süßkartoffel-*Yōkan* und Rote-Bohnen-*Yōkan* mit Kastanien. *Yōkan* ist eine der am einfachsten herzustellenden Süßigkeiten: Wasser, *Kanten*-Pulver, glatte rote Bohnenpaste sowie ein wenig Salz und Zucker. Diese Version dekoriere ich zusätzlich mit blumenförmigen Mustern aus gebackener Satsumaimo.

Backtrennspray

240 ml Wasser

1 Teelöffel *Kanten*-Pulver oder Agar

2 Esslöffel Zucker

1 Prise Salz

360 ml *Koshi-An* (glatte rote Bohnenpaste, Seite 12)

125 g gekochte *Satsumaimo*, in verspielte Blumenformen geschnitten

1. Ein 20 mal 20 Zentimeter großes Kuchenblech mit Backtrennspray besprühen, dann ein Eiswasserbad in einer hitzebeständigen Schüssel vorbereiten, die groß genug für den Topf ist, den du in Schritt 2 benutzen wirst.
2. Wasser und *Kanten*-Pulver in einem Topf unter Quirlen zum Kochen bringen. Sobald die Mischung kocht, die Hitze reduzieren. Nach 2 Minuten vom Herd nehmen.
3. Zucker, Salz und *Koshi-An* hinzufügen und weitermischen, bis die Zutaten vollständig untergerührt sind und die Mischung glatt ist. Den Topf erneut zum Kochen bringen. Dann vom Herd nehmen und den Topf sofort in ein Eiswasserbad stellen, um den Kochvorgang zu stoppen.
4. Die rote Bohnenmischung auf das vorbereitete Kuchenblech gießen und die gekochten *Satsumaimo*-Stücke darauf legen.
5. Mindestens 3 Stunden lang in den Kühlschrank stellen, bevor du es in Stücke schneidest.

ZU SEHEN IN: *Elegant Yokai Apartment Life, Tsugumomo, Is the Order a Rabbit?*

In Folge 9 von *Elegant Yokai Apartment Life* besucht ein Tengu (ein legendäres, geflügeltes Geschöpf aus der japanischen Folklore) das Apartment und spricht über sein Leben in den Bergen. Ruriko holt ein Stück perfekt geschnittenes *Yōkan* hervor und serviert es mit einer Tasse Tee, während Matajuro-san die Gruppe unterhält. Auch deine Gäste erwartet etwas ganz Besonderes, wenn du für euer nächstes Treffen *Yōkan* zubereitest!

ICHIGO-DAIFUKU

Zeit: 25 Minuten • **Ergibt:** 6 *Ichigo-Daifuku*

Ichigo-Daifuku ist ein beliebtes Frühlings-*Wagashi* aus Mochi, dem klebrigen Teig, der durch Kochen von Klebreis mit Zucker und Wasser entsteht. In dieser Version färbe ich die äußere Schicht des Mochi rosa, um an Frühlingsblüten zu erinnern, aber *Ichigo-Daifuku* hat normalerweise einen weißen Mochi-Überzug, also kannst du die Lebensmittelfarbe weglassen, wenn du dieses typischere Aussehen erhalten möchtest. Du kannst dein *Ichigo-Daifuku* auch mit anderen Füllungen herstellen, zum Beispiel mit Matcha-Pudding, der ebenfalls hervorragend zu reifen Erdbeeren passt. Wenn du einmal *Ichigo-Daifuku* gemacht hast, versuche dich an verschiedenen Sorten von Frucht-*Daifuku*, wie Mandarine oder Kiwi!

MOCHI

80 g *Mochiko*

40 g *Shiratamako*

30 g Zucker

160 ml Wasser

Rosa Lebensmittelfarbe (optional)

60 g Speisestärke oder Kartoffelstärke zum Bestäuben

FÜLLUNG

6 reife, ganze Erdbeeren, entstielt (kleinere Beeren funktionieren am besten)

240 ml *Anko* (rote Bohnenpaste, S. 13), in 6 Stücke aufgeteilt und gekühlt

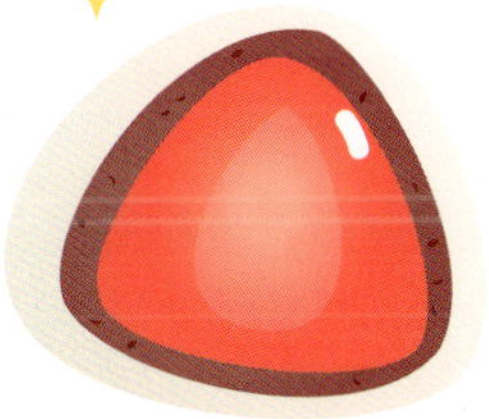

FÜR DAS MOCHI:

1. Die Erdbeeren waschen und vollständig trocknen.
2. *Mochiko*, *Shiratamako* und Zucker in eine große Schüssel geben, Wasser sowie Lebensmittelfarbe hinzufügen und vermischen. Die Schüssel mit zudecken und in der Mikrowelle bei mittlerer Leistung 2 Minuten lang erhitzen. Aus der Mikrowelle nehmen und umrühren, dann eine weitere Minute lang in der Mikrowelle erhitzen.
3. Speise- oder Kartoffelstärke auf einer ebenen Arbeitsfläche verteilen. Mochi-Teig auf die Arbeitsfläche geben und in 6 gleich große Stücke aufteilen. Jedes Stück mit einem Nudelholz rund und flach ausrollen. Es empfiehlt sich, vor dem Rollen eine dünne Schicht Speisestärke auf den Teig zu streuen.

FÜR DIE FÜLLUNG:

1. Jede Erdbeere mit $^{1}/_{6}$ des *Anko* ummanteln.
2. Auf jedes Mochi-Teigstück eine in *Anko* gehüllte Erdbeere legen, mit der Spitze nach unten, und das Mochi um sie herumwickeln. Die Ränder des Mochi zusammendrücken und das *Daifuku* mit der Naht nach unten auf einen Teller legen.
3. 10 Minuten lang in den Kühlschrank stellen und danach genießen.

ZU SEHEN IN: *March Comes In Like a Lion, Laid-Back Camp*

In *March Comes In Like a Lion* grübeln die Kawamoto-Schwestern über eine neue Süßigkeit, die sie in ihrem *Wagashi*-Laden verkaufen könnten. Hinata schlägt etwas Ähnliches wie *Ichigo-Daifuku* vor, was zwar nicht lange haltbar, aber sehr beliebt ist. Am Ende entscheiden sie sich für ein *Daifuku* in Form einer *Daruma*, das mit Bohnenmarmelade in verschiedenen Geschmacksrichtungen gefüllt ist. Sobald du die Erdbeerversion des *Daifuku* beherrschst, solltest du mit Form und Geschmack experimentieren!

SAKURA-MOCHI

Zeit: 30 Minuten plus Einweichen über Nacht • **Ergibt:** 6 Stück

Sakura-Mochi gehören zu den Frühlings-*Wagashi* und erhalten ihren Sakura-Geschmack größtenteils durch ein eingelegtes junges Sakura-Blatt, das um die Mochi-Kugel gewickelt wird. Man isst das Blatt! Diese Mochi werden zur Feier des Hinamatsuri oder Mädchenfests und während der gesamten Kirschblütenzeit in Japan gegessen. Sie sollen den Mädchen in der Familie Glück und Gesundheit bringen. Diese Mochi garniere ich mit eingelegten Sakura-Blüten, da diese im Internet leichter erhältlich sind. Du kannst auch ein paar Tropfen Sakura-Extrakt in die Mochi mischen und sie mit kandierten essbaren Blüten dekorieren, wobei dies eine weniger traditionelle Variante ist.

Es gibt zwei Arten Sakura-Mochi: *Domyoji*-Sakura-Mochi und *Chomeiji*-Sakura-Mochi. *Domyoji*-Sakura-Mochi stammen aus der Region Kansai in Japan. Für das Äußere wird süßer Klebreis verwendet, der in kleine Stücke zerbrochen wird, oder *Domyojiko*. Das folgende Rezept ist für *Domyoji*-Sakura-Mochi. Du kannst den Reis während des Kochens zerdrücken oder den Klebreis durch *Domyojiko* ersetzen, welches man in japanischen Lebensmittelgeschäften bekommt. *Chomeiji*-Sakura-Mochi haben ihre Wurzeln in der Kanto-Region. Anstelle einer klebrigen Reishülle umgibt sie ein rosa Pfannkuchen aus Weizenmehl, *Shiratamako*, Zucker und Wasser.

FÜLLUNG

Eingelegte Sakura-Blüten (werden manchmal als Sakura-Tee verkauft)
6 eingelegte Sakura-Blätter (optional)
Essbare Blumen, kandiert oder in Eiweiß und Zucker getunkt (optional)
6 Esslöffel *Anko* (rote Bohnenpaste, Seite 13), gekühlt

DOMYOJI-MOCHI

200 g Klebreis, über Nacht eingeweicht
120 ml Wasser
2 Tropfen rosa Lebensmittel-Gelfarbe
2 Esslöffel Zucker

ZU SEHEN IN: *Tamako Market, Elegant Yokai Apartment Life, Demon Slayer*

In Folge 3 von *Tamako Market* stellt Tamako im Laden ihrer Familie gerade Sakura-Mochi her, als sie von Shiori besucht wird. Shiori bleibt zum Abendessen bei der Familie und die beiden Mädchen werden Freundinnen. Feiere Neuanfänge mit einem Sakura-Mochi, genau wie Tamako!

FÜR DIE FÜLLUNG:

1. Die eingelegten Sakura-Blüten oder -Blätter 15 Minuten lang in kaltem Wasser einweichen, um überschüssiges Salz zu entfernen.
2. Das *Anko* in 6 gleich große Kugeln ausrollen und in den Kühlschrank stellen.

FÜR DIE DOMYOJI-MOCHI:

1. Reis, Wasser, Zucker und rosa Lebensmittel-Gelfarbe in eine mittelgroße, mikrowellentaugliche Schüssel geben und zudecken. In der Mikrowelle bei mittlerer Leistung 6 Minuten lang erhitzen, nach der Hälfte pausieren, um mit einem Gummispatel umzurühren, damit die Mischung nicht an den Seiten der Schüssel kleben bleibt.
2. Aus der Mikrowelle nehmen und kräftig umrühren, sodass der Reis beginnt, sich aufzulösen, und die Farbe gleichmäßig verteilt wird. Den Reis nicht zerstampfen; bei dieser Art von Mochi soll ein gewisses Maß an Reisstückchen erhalten bleiben.
3. Das *Domyoji*-Mochi in 6 gleich große Kugeln aufteilen. Eine Hand mit einem Stück Frischhaltefolie bedecken und eine Kugel Mochi mit der anderen Hand dagegen- und flachdrücken. Eine Kugel *Anko* auf das flachgedrückte Mochi legen und die Frischhaltefolie verwenden, um den Reis darum herum zu formen.
4. Wenn du eingelegte Sakura-Blätter hast, wickle eines um jedes Mochi, mit der glatten Seite Richtung Mochi. Wenn du Sakura-Blüten verwendest, garniere jedes Bällchen vorsichtig, indem du die Blüte andrückst, damit sie am Reis haften bleibt.
5. Vor dem Servieren 10 Minuten lang kaltstellen.

AUS DEM PANYA

MELON-PAN

Melon-*Pan* besticht durch einen charakteristischen, mit Zucker überzogenen Keksmantel, der um ein fluffiges, süßes Milchbrot herum gebacken wird. Diese runden Brötchen haben ihren Namen eher von ihrer klassischen Melonenform als von ihrem Geschmack – auch wenn einige Geschäfte Melon-*Pan* mit Melonengeschmack anbieten. Diese vielseitige Leckerei lässt sich kreativ formen und aromatisieren, um zu fast jedem Anlass zu passen. Auf den folgenden Seiten findest du Rezepte für du Brötchen mit Erdbeergeschmack, die auch wie eine Erdbeere geformt sind, klassisch geformtes Melon-*Pan* mit Matcha-Überzug und Melon-*Pan* in Form eines *kawaii*-Hasengesichts!

ZU SEHEN IN: *Shakugan no Shana, One Week Friends, Gabriel Dropout*

In der Welt von *Shakugan no Shana* ist Shana eine Kriegerin, die gegen mysteriöse Wesen aus einem Paralleluniversum namens Crimson Denizens kämpft. Obwohl ihr Fokus auf die Ausrottung dieser Monster sie kalt und gleichgültig erscheinen lässt, hat Shana auch eine sanfte Seite. Vor allem hat sie eine Schwäche für Melon-*Pan* – und nachdem du dieses Rezept ausprobiert hast, wirst du sie verstehen!

ICHIGO-MELON-PAN

Zeit: 3 Stunden • **Ergibt:** 8 Brötchen

BROTTEIG

240 g Brotmehl
35 g feines Mehl
1 große Prise Salz
3 Esslöffel Zucker
1¼ Teelöffel Trockenhefe
1 großes Ei
3½ Esslöffel Wasser
4½ Esslöffel Vollmilch
2½ Esslöffel ungesalzene Butter, in 1 cm große Würfel geschnitten
Backtrennspray

KEKSMANTEL

4 Esslöffel ungesalzene Butter, gewürfelt
130 g Zucker
1 großes Ei
2 Teelöffel Erdbeerextrakt
120 g Allzweckmehl
1 Prise Salz
½ Teelöffel Backpulver
Rosa und grüne Lebensmittel-Gelfarbe
1 Becher Erdbeer-Joghurtdrops

FÜR DEN BROTTEIG:

1. Alle trockenen Zutaten in eine Küchenmaschine mit Knethakenaufsatz geben und bei niedriger Geschwindigkeit verkneten.
2. Ei in einer separaten Schüssel aufschlagen und dann mit Wasser und Milch zu den trockenen Zutaten dazugeben. Bei mittlerer Geschwindigkeit weiterrühren, bis sich die Mischung zu verbinden beginnt, etwa 2 Minuten lang.
3. Gewürfelte Butter hinzufügen und bei mittlerer Geschwindigkeit etwa 10 Minuten lang weiterrühren. Der Teig sollte elastisch werden und sich dehnen, wenn er auseinander gezogen wird. Wenn der Teig zu trocken ist, einen weiteren Esslöffel Milch hinzufügen.
4. Das Innere einer mittelgroßen, hitzebeständigen Schüssel mit Backtrennspray einsprühen. Teig hineingeben und mit Frischhaltefolie bedecken. Wenn dein Backofen eine Gärstufe hat, lasse den Teig 1 Stunde und 30 Minuten lang bei etwa 40°C im Ofen ruhen und aufgehen. Wenn nicht, lasse den Teig 2 Stunden lang bei Raumtemperatur ruhen.

FÜR DEN KEKSMANTEL:

1. Während der Teig ruht, Butter und 65 g Zucker mit einem Handmixer vermischen, bis sie locker und fluffig sind. Dann Ei und Erdbeerextrakt hinzufügen und unterrühren.
2. Mehl in eine separate Schüssel sieben und mit Salz und Backpulver vermischen. Diese trockene Mischung in zwei Schritten zu der feuchten Mischung geben und zu einem Teig verrühren.

3. Den Keksteig in 4 gleich große Stücke aufteilen. Die eine Hälfte des Teigs (2 Stücke) mit rosa Lebensmittelfarbe färben. Ein Viertel des Teigs (1 Stück) auf die gleiche Weise mit grüner Lebensmittelfarbe färben.
4. Den Keksteig in Frischhaltefolie wickeln und kühlstellen, bis er gebraucht wird.
5. Sobald der Brotteig 1½ Stunden lang aufgegangen ist, auf eine mit Mehl bestäubte Arbeitsfläche legen. Den Teig in 8 gleich große Stücke (jeweils etwa 75 g) teilen und auf jedes Teigstück eine gleich große Portion Joghurtchips geben. Die Teigränder zusammenführen und zu einer Kugel formen, dabei die Joghurtchips einschließen. Die Nähte zusammendrücken und die Brötchen mit der Naht nach unten auf ein großes, mit Backpapier ausgelegtes Backblech legen.
6. Die Brötchen in Frischhaltefolie wickeln und im Backofen bei 40°C weitere 50 Minuten lang aufgehen lassen. Ansonsten bei Raumtemperatur aufgehen lassen, bis der Teig fast doppelt so groß geworden ist, etwa 1 Stunde lang.
7. Backofen auf 180°C vorheizen.
8. Die Keksteigstücke etwa 0,3 cm dick ausrollen. Den rosa Teig in 6 einzelne Stücke aufteilen. Diesen Teig um die aufgegangenen Brötchen wickeln und die Ränder unter der Seite jedes Brötchens andrücken.
9. Aus dem grünen Teig Erdbeerblätter- und -stängel ausschneiden. Diesen Teig auf die rosa Brötchen legen und vorsichtig festdrücken.
10. Aus dem ungefärbten Teig kleine runde Teigstücke formen (zwischen 0,3 und 0,6 cm groß) und auf jedem der Brötchen verteilen, um Erdbeersamen darzustellen. Zum Festkleben andrücken.
11. Die restlichen 65 g Zucker in ein Schälchen geben. Jedes Brötchen in Zucker wälzen, so dass die oberste Keksschicht bedeckt ist.
12. Die Brötchen auf ein mit Backpapier ausgelegtes Backblech legen. 17 Minuten lang backen.

HASENGESICHT-MELON-PAN

Zeit: 3 Stunden • **Ergibt:** 6 Brötchen

BROTTEIG

240 g Brotmehl
35 g feines Mehl
1 große Prise Salz
3 Esslöffel Zucker
1¼ Teelöffel Trockenhefe
1 großes Ei
3½ Esslöffel Wasser
4½ Esslöffel Vollmilch in Raumtemperatur
2½ Esslöffel ungesalzene Butter in Raumtemperatur, in 1 cm große Würfel geschnitten
Backtrennspray

KEKSMANTEL

4 Esslöffel Butter, gewürfelt
130 g Zucker
1 großes Ei
120 g Allzweckmehl
1 Prise Salz
½ Teelöffel Backpulver
Schwarze Lebensmittel-Gelfarbe
1 Esslöffel rosa Dekozucker

FÜR DEN BROTTEIG:

1. Alle trockenen Zutaten in eine Küchenmaschine mit Knethakenaufsatz geben und bei niedriger Geschwindigkeit verrühren.
2. Ei in einer separaten Schüssel aufschlagen und dann mit Wasser und Milch zu den trockenen Zutaten dazugeben. Bei mittlerer Geschwindigkeit weiterrühren, bis sich die Mischung zu verbinden beginnt, etwa 2 Minuten lang.
3. Gewürfelte Butter hinzufügen und bei mittlerer Geschwindigkeit etwa 10 Minuten lang weiterrühren. Der Teig sollte elastisch werden und sich dehnen, wenn er auseinander gezogen wird. Wenn der Teig zu trocken ist, einen weiteren Esslöffel Milch hinzufügen.
4. Das Innere einer mittelgroßen, hitzebeständigen Schüssel mit Backtrennspray einsprühen. Teig hineingeben und mit Frischhaltefolie bedecken. Wenn dein Backofen eine Gärstufe hat, lasse den Teig 1 Stunde und 30 Minuten lang bei etwa 40°C im Ofen ruhen und aufgehen. Wenn nicht, lasse den Teig 2 Stunden lang bei Raumtemperatur ruhen.

FÜR DEN KEKSMANTEL:

1. Während der Teig aufgeht, die Butter und 65 g Zucker in einer Küchenmaschine mit Schneebesenaufsatz cremig rühren, etwa 2 Minuten lang. Dann das Ei dazugeben und vermischen.
2. Mehl in eine separate mittelgroße Schüssel sieben und mit Salz und Backpulver vermischen. Diese trockene Mischung in zwei Schritten zu der feuchten Mischung geben und zu einem Teig verrühren.
3. 60 ml des Keksteigs beiseite nehmen und 1 Tropfen schwarze Lebensmittelfarbe in diese Portion kneten. Weitere 30 ml beiseite legen; das werden die Hasenohren. Die Keksteigstücke in Frischhaltefolie wickeln und kühlstellen, bis sie gebraucht werden.
4. Sobald der Brotteig 1 Stunde und 30 Minuten lang aufgegangen ist, auf eine mit Mehl bestäubte Arbeitsfläche geben. Den Teig in 6 gleich große Stücke (jeweils etwa 100 g) teilen und die Teigränder zusammenführen, um eine Kugel zu formen. Die Nähte zusammendrücken und die Brötchen mit der Naht nach unten auf ein großes, mit Backpapier ausgelegtes Backblech legen.
5. Die Brötchen in Frischhaltefolie wickeln und im Backofen bei 40°C weitere 50 Minuten lang aufgehen lassen, wenn er eine Gärstufe hat. Ansonsten bei Raumtemperatur aufgehen lassen, bis der Teig fast doppelt so groß geworden ist, etwa 1 Stunde lang.
6. Backofen auf 180°C vorheizen.
7. Die Keksteigstücke etwa 0,3 Zentimeter dick ausrollen. Den schwarzen Teig zu 12 kleinen schwarzen Punkten für die Augen und 12 dünnen Teiglinien formen, um daraus X-Formen für die Nasen zu machen. Aus dem beiseite gelegten ungefärbten Teig 12 Ohren formen.
8. Das andere Stück ungefärbten Keksteigs in 6 Quadrate schneiden. Jedes Brötchen mit einem Quadrat aus Keksteig ummanteln und die Ecken darunter auseinander.
9. Die restlichen 65 g Zucker in ein Schälchen geben und die oberste Keksschicht jedes Brötchens in Zucker wälzen.
10. Die Hasenohren an den Brötchen befestigen. Jedes Ohr mit rosa Dekozucker bestreuen.
11. Mit einem kleinen Backpinsel die Stellen des Teigs befeuchten, an denen du Augen und Nase anbringen möchtest, dann die schwarzen Teigstücke auf die entsprechenden Stellen legen und vorsichtig andrücken. Mit zusätzlichem rosa Dekozucker kannst du die Häschenwangen erröten lassen, wenn du willst.
12. Die Brötchen auf ein mit Backpapier ausgelegtes Backblech legen. 17 Minuten lang backen.

MATCHA-MELON-PAN

Zeit: 3 Stunden • **Ergibt:** 6 Brötchen

BROTTEIG

240 g Brotmehl

35 g feines Mehl

1 große Prise Salz

3 Esslöffel Zucker

1¼ Teelöffel Trockenhefe

1 großes Ei

3½ Esslöffel Wasser in Raumtemperatur

4½ Esslöffel Vollmilch in Raumtemperatur

2½ Esslöffel ungesalzene Butter in Raumtemperatur, in 1 Zentimeter große Würfel geschnitten

Backtrennspray

KEKSMANTEL

4 Esslöffel ungesalzene Butter, gewürfelt

130 g Zucker

1 großes Ei

120 g Allzweckmehl

1 Prise Salz

2 Teelöffel Matcha-Pulver

½ Teelöffel Backpulver

FÜR DEN BROTTEIG:

1. Alle trockenen Zutaten in eine Küchenmaschine mit Knethakenaufsatz geben und bei niedriger Geschwindigkeit verrühren.
2. Ei in einer separaten Schüssel aufschlagen und mit Wasser und Milch zu den trockenen Zutaten dazugeben. Bei mittlerer Geschwindigkeit etwa 2 Minuten lang weiterrühren.
3. Gewürfelte Butter hinzufügen und bei mittlerer Geschwindigkeit etwa 10 Minuten lang weiterrühren. Der Teig sollte elastisch werden und dehnbar sein.
4. Das Innere einer hitzebeständigen Schüssel mit Backtrennspray einsprühen. Den Teig 2 Stunden lang bei Raumtemperatur ruhen lassen.

FÜR DEN KEKSMANTEL:

1. Während der Teig aufgeht, die Butter und 65 g Zucker mit einem Handmixer cremig rühren. Dann das Ei dazugeben und vermischen.
2. Mehl in eine separate Schüssel sieben und mit Salz, Matcha-Pulver und Backpulver vermischen. Diese trockene Mischung in zwei Schritten zu der vermischen Mischung geben und zu einem Teig verrühren.
3. Den Keksteig in Frischhaltefolie wickeln und kühlstellen.
4. Den Brotteig nach 1 ½ Stunden Gärzeit auf eine mit Mehl bestäubte Arbeitsfläche geben. Den Teig in 6 gleich große Stücke (jeweils etwa 100 g) teilen und die Teigränder zusammenführen, um eine Kugel zu formen. Die Nähte zusammendrücken und die Brötchen mit der Naht nach unten auf ein großes, mit Backpapier ausgelegtes Backblech legen.
5. Die Brötchen in Frischhaltefolie wickeln und im Ofen bei 40°C weitere 50 Minuten lang gären lassen, wenn er eine Gärstufe hat. Ansonsten bei Raumtemperatur aufgehen lassen, bis der Teig fast doppelt so groß geworden ist, etwa 1 Stunde lang.
6. Backofen auf 180°C vorheizen.
7. Die Keksteigstücke etwa 0,3 cm dick ausrollen. Den Teig in 6 Quadrate schneiden. Diese Stücke vorsichtig um die aufgegangenen Brötchen wickeln.
8. Jedes Brötchen mit einem Messer kreuzweise einritzen.
9. Die restlichen 65 g Zucker in ein Schälchen geben und die oberste Keksschicht jedes Brötchens in Zucker wälzen.
10. Die Brötchen auf ein mit Backpapier ausgelegtes Backblech legen. 17 Minuten lang backen.

MELON-PAN-EISCREME-SANDWICH

Zeit: 5 Minuten • **Ergibt:** 1 Eiscreme-Sandwich

ZU SEHEN IN: *Gatchaman Crowds Insight*

In Folge 2 von *Gatchaman Crowds Insight* bestellt Hajime Ichinose ein dekadentes Gericht, das aus Vanille-Softeis zwischen zwei Hälften eines Melon-*Pan* besteht. Was für ein Genuss, und das vor 7 Uhr morgens! Hajime ist für ihre positive Lebenseinstellung bekannt – vielleicht liegt es zum Teil an ihrer hohen Zuckerzufuhr.

In den letzten Jahren haben Melon-*Pan*-Sandwiches in Japan stark an Beliebtheit gewonnen. Du kannst selbst entscheiden, wann du dir diese Leckerei gönnen willst (Eiscreme um 7 Uhr morgens ist nichts für jedermann), aber wann immer du es isst, wird es dir zweifellos eine erhebende Dosis positiver Energie verpassen!

1 Melon-*Pan*-Brötchen (Seite 48)
2 große Erdbeeren, entstielt und in dünne Scheiben geschnitten
1 Packung Adzuki (rote Bohnen)-Eis oder Geschmack deiner Wahl
1 Esslöffel Regenbogen-Schokostreusel

1. Melon-*Pan*-Brötchen mit einem Brotmesser vorsichtig waagerecht in der Mitte durchschneiden, sodass die Oberseite mit den Kekskrümeln intakt bleibt, und die geschnittenen Erdbeeren auf der unteren Brötchenhälfte anrichten.
2. Mit einem Brotmesser eine 1½ Zentimeter dicke Scheibe Eis abschneiden und auf die Erdbeeren legen.
3. Die obere Brötchenhälfte auf das Eiscreme-Sandwich legen. Eine Hälfte des Eiscreme-Sandwichs in ein Stück Backpapier oder eine Papierserviette einwickeln, um es besser halten zu können.
4. Eine Seite des Sandwichs mit Regenbogenstreuseln bestreuen. Sofort essen.

SHOKUPAN

Zeit: 3 Stunden • **Ergibt:** 1 Laib Brot

Shokupan ist ein weiches Weißbrot, das mit Milch oder Milchpulver gemacht wird. Es ist das beliebteste Brot in Japan. *Shokupan* hat eine nachgiebige, federnde Konsistenz und wird normalerweise dicker geschnitten (*Atsugiri*) als westliche Brote. Es wird für *Ogura*-Toast (Seite 55) verwendet, eine Spezialität aus der Region Nagoya, die aus dick geschnittenem, getoastetem *Shokupan*, *Ogura*-Marmelade (ähnlich wie *Tsubu-An*-Bohnenpaste) und Butter besteht. Eine weitere bekannte *Shokupan*-Kreation ist der *Shibuya*-Honigtoast (Seite 56), der vor allem bei jungen und hippen Leuten als Gericht zum Teilen beliebt ist. (Shibuya ist ein angesagtes Viertel in Tokio, das für seine Einkaufsmöglichkeiten und sein Nachtleben berühmt ist.) *Shokupan*-Früchtesandwiches (Seite 57) sind süße Brote, die mit saisonalen Früchten und Schlagsahne gefüllt sind.

VORTEIG

80 ml Vollmilch

3 Esslöffel Brotmehl

SHOKUPAN

1 Esslöffel Trockenhefe

160 ml Vollmilch, auf 43°C erhitzt

270 g Brotmehl

65 g feines Mehl

30 g Zucker

1 große Prise Salz

1 großes Ei

4 Esslöffel ungesalzene Butter, in Raumtemperatur

Backtrennspray

VERQUIRLTES EI

1 großes Ei

1 Esslöffel Vollmilch

ZU SEHEN IN: *Shokupan Mimi, Aldnoah.Zero, Restaurant to Another World*

Shokupan Mimi ist ein Mädchen aus *Shokupan*, das sich gerne modisch kleidet, was in ihrem Fall bedeutet, sich in einem Toaster zu bräunen und Marmelade als Make-up zu verwenden. Erschaffe *Shokupan Mimis* Ebenbild mit diesem Rezept.

FÜR DEN VORTEIG:

1. Vollmilch und Brotmehl in einem mittelgroßen Topf bei starker Hitze verrühren. Quirlen, bis sich ein zähflüssiger Teig zu bilden beginnt, etwa 1 Minute lang. Vom Herd nehmen.

FÜR DAS SHOKUPAN:

1. Die Hefe in warme Milch einrühren und 5 Minuten lang ruhen lassen.
2. Beide Mehlsorten, Zucker und Salz mischen. Dann Ei, Hefemischung und Vorteigmischung hinzufügen und mit einem Knethaken bei mittlerer Geschwindigkeit verrühren. Sobald sich ein elastischer Teig bildet, die Butter esslöffelweise hinzugeben. Der Teig sollte innerhalb von 5 Minuten glatt und dehnbar werden. Wenn der Teig zu trocken ist, einen zusätzlichen Esslöffel Milch hinzugeben.
3. Den Teig in eine große, mit Backtrennspray eingesprühte Schüssel geben und mit Frischhaltefolie bedecken. Ruhen und zu doppelter Größe aufgehen lassen, etwa 1 Stunde lang.
4. Den Teig zu zwei kreisrunden, gleich großen Brötchen formen. Mit einem feuchten Küchentuch bedecken und bei Raumtemperatur weitere 30 Minuten lang ruhen lassen.
5. Backofen auf 180°C vorheizen.
6. Das Innere einer großen Kastenform mit Backtrennspray einsprühen und beide Brötchen nebeneinander hineinlegen.

FÜR DAS VERQUIRLTE EI:

1. Ei und Milch in einer kleinen Schüssel aufschlagen. Das verquirlte Ei mit einem Backpinsel vorsichtig auf die Oberseite des Laibes streichen.
2. 35 Minuten lang backen oder bis die obere Kruste eine tief goldbraune Farbe hat.
3. Den Brotlaib abkühlen lassen, aus der Form nehmen und mindestens 1 Stunde lang ruhen lassen.

OGURA-TOAST

Zeit: 10 Minuten • **Ergibt:** 1 Scheibe Toast

Eine 2½ Zentimeter dicke Scheibe *Shokupan* (Seite 54)
3 Esslöffel *Tsubu-An* (grobe rote Bohnenpaste, Seite 12) oder *Ogura*-Marmelade (auf die gleiche Weise zubereitet wie *Tsubu-An*, die Bohnen werden jedoch intakt gelassen)
1 Esslöffel gesalzene Butter, kalt, herzförmig ausgestochen
1 Teelöffel *Kinako* (optional)

1. Die *Shokupan*-Scheibe etwa 1 Minute lang im Backofen rösten.
2. Mit einem Löffel eine dicke Schicht *Tsubu-An* oder *Ogura*-Marmelade in die Mitte des Toasts streichen.
3. Das herzförmige Butterstück darauf legen und mit einem feinmaschigen Sieb *Kinako* darauf sieben, wenn gewünscht.
4. Zusammen mit deinem Morgentee oder -kaffee genießen.

SHIBUYA-HONIGTOAST

Zeit: 30 Minuten • **Ergibt:** 1 Toastturm, am besten für zwei Personen

Ein Laib *Shokupan* (Seite 54), mit geschlossenem Deckel gebacken
3 Esslöffel ungesalzene Butter, geschmolzen
30 g Zucker
3 Esslöffel gesüßte Kondensmilch
2 Kugeln Matcha-Eis
40 g Erdbeeren, entstielt und geviertelt
40 g Blaubeeren
3 Pocky-Kekse (Seite 34), beliebige Sorte
Dein japanischer Lieblingssnack zum Garnieren (z.B. Koalas)
Schlagsahne zum Garnieren

1. Backofen auf 180°C vorheizen und ein großes Backblech mit Backpapier auslegen.
2. Ein 2½ Zentimeter großes Endstück vom *Shokupan*-Laib abschneiden. Dann aus der krustenlosen Seite des Laibes ein Rechteck ausschneiden, dabei die anderen 5 Seiten intakt lassen und an allen Seiten einen etwa 1 Zentimeter breiten Rand stehen lassen, um eine Brotschale zu formen.
3. Das Brotinnere entfernen und mit einem Brotmesser in 2½ Zentimeter große Würfel schneiden.
4. Mit einem Backpinsel 2 Esslöffel geschmolzene Butter auf die Innenwände des ausgehöhlten Laibes streichen. Die Brotwürfel aus dem Inneren des Laibes in dem restlichen Esslöffel geschmolzener Butter schwenken und mit Zucker bestreuen.
5. Brotlaib und -würfel auf das Backblech legen und 15 Minuten lang backen.
6. Die gerösteten Brotwürfel vom Backblech nehmen, dann den Laib in die Mitte des Backblechs legen und weitere 10 Minuten lang backen, bis die Ränder goldgelb sind.
7. Das Innere des gerösteten Laibes mit gesüßter Kondensmilch bestreichen, dann die gerösteten Würfel wieder in den Laib legen.
8. Mit Matcha-Eis und Beeren füllen und nach Belieben mit Snacks garnieren, etwa mit Pocky, Koalas, *Dango*-Klößen (Seiten 37–38) und Schlagsahne.

SHOKUPAN-FRÜCHTESANDWICH

Zeit: 30 Minuten • **Ergibt:** 1 Früchtesandwich

240 g Schlagsahne
2 Esslöffel Puderzucker
Zwei 4 Zentimeter dicke Scheiben *Shokupan* (Seite 54)
ca. 160 g geschnittene frische Früchte (z.B. Kiwis, Mandarine oder Erdbeere)

1. Schlagsahne in einer gekühlten Schüssel mit einer Küchenmaschine bei mittlerer Geschwindigkeit schlagen. Sobald sie schaumig ist (nach etwa 1 Minute) den Puderzucker hinzufügen. Dann weiterschlagen, bis sich weiche Spitzen bilden.
2. Eine gleichmäßig dicke Schicht Schlagsahne mit einem Löffel auf eine Scheibe des *Shokupan*-Brotes verteilen und eine Schicht geschnittener frischer Früchte auf die Schlagsahne legen.
3. Eine dicke Schicht Schlagsahne auf der anderen Brotscheibe verteilen und die zwei Scheiben zusammenlegen. Vorsichtig mit Frischhaltefolie umwickeln und 20 Minuten lang kaltstellen.
4. Brotkruste mit einem Brotmesser entfernen. Dann das Sandwich diagonal schneiden und so zwei dreieckige Stücke bilden.

HÖRNCHEN

Hörnchen sind in der Regel mit Schokolade oder Vanillesoße gefüllt, sie sind die beliebteste Art *Chokopan* (Schokoladenbrot) in Japan. Für die Zubereitung dieses Rezepts brauchst du eine kegelförmige Backform.

ZU SEHEN IN: *Lucky Star, Rascal Does Not Dream of Bunny Girl Senpai, Cardfight!! Vanguard G, BanG Dream!*

Während sie in Folge 1 von *Lucky Star* in ein Schokoladenhörnchen beißt, sinniert Konata Izumi mit ihrer Freundin Tsukasa Hiiragi über die beste Art, das muschelförmige Dessert zu verzehren. Fängt man oben oder unten an? Welches Ende gilt überhaupt als oben? Gibt es wirklich eine korrekte Art, diese köstliche Leckerei zu essen? Die einzige Möglichkeit, diese Fragen zu beantworten, ist, sie selbst herzustellen!

SCHOKOLADENHÖRNCHEN

Zeit: 2 Stunden, 20 Minuten • **Ergibt:** 6 gefüllte Hörnchen

HÖRNCHEN

1 Teelöffel Trockenhefe

1 Esslöffel Wasser, lauwarm

170 g Brotmehl

1 Esslöffel Zucker

½ Esslöffel Vollmilch

1 Esslöffel Ei, geschlagen

80 ml Wasser

1½ Esslöffel ungesalzene Butter, gewürfelt

Backtrennspray

SCHOKOLADENCREME

2 große Eigelb

2½ Esslöffel Zucker

1 Esslöffel feines Mehl

1 Esslöffel Kakaopulver

1 Esslöffel Speisestärke

240 ml Vollmilch

40 g Zartbitterschokoladendrops

1 Esslöffel ungesalzene Butter

VERQUIRLTES EI

1 großes Eigelb, geschlagen

1 Esslöffel Vollmilch

60 g Puderzucker zum Garnieren

FÜR DIE HÖRNCHEN:

1. Ein großes Backblech mit Backpapier vorbereiten.
2. Hefe in einer kleinen Schüssel mit lauwarmem Wasser etwa 5 Minuten lang auflösen. Brotmehl, Zucker und Milch in einer Schüssel verquirlen, dann die Hefemischung mit der Mehlmischung vermengen.
3. In einer weiteren Schüssel Ei und Wasser vermischen und unter die Mehlmischung rühren.
4. Die Mischung in eine Küchenmaschine mit Knethakenaufsatz umfüllen und 5 Minuten lang bei mittlerer Geschwindigkeit mischen. Gewürfelte Butter hinzufügen und so lange mischen, bis der Teig glatt und elastisch ist.
5. Den Teig in eine große, mit Backtrennspray eingefettete Schüssel geben und mit Mehl bestäuben. Mit Frischhaltefolie abdecken und den Teig 1 Stunde lang ruhen und aufgehen lassen.

FÜR DIE SCHOKOLADENCREME:

1. Während der Teig aufgeht, Eigelbe in einer mittelgroßen Schüssel mit Zucker verquirlen. In einer separaten Schüssel feines Mehl, Kakaopulver und Speisestärke vermischen und diese trockenen Zutaten zur Eimischung geben. Alles verrühren.
2. Milch in einem mittelgroßen Topf bei mittlerer Hitze zum Köcheln bringen. Die heiße Milch langsam in die Eimischung einrühren, dann die Mischung in einen mittelgroßen Topf gießen. Bei mittlerer Hitze verquirlen, bis die Mischung einzudicken beginnt, etwa 3 Minuten lang.
3. Vom Herd nehmen und Schokoladendrops sowie ungesalzene Butter dazugeben. Verrühren, bis sie vollständig geschmolzen sind, dann die Schokoladencreme durch ein feinmaschiges Sieb in eine Schüssel gießen und 10 Minuten lang bei Zimmertemperatur abkühlen lassen.
4. Die Mischung mit Frischhaltefolie abdecken und darauf achten, dass die Folie mit der Creme in Kontakt ist, Kühlstellen.
5. Sobald der Teig doppelt so groß geworden ist, mit dem Finger in den Teig stechen, um zu prüfen, ob er fertig ist. Wenn das Loch schnell verschwindet, braucht der Teig mehr Zeit zum Aufgehen.
6. Den Teig aus der Schüssel nehmen und auf eine mit Mehl bestäubte Fläche legen. Den Teig abklopfen, um einige der größeren Luftblasen zu entfernen, dann in 6 gleich große Stücke teilen. Die Stücke zu 6 Kugeln formen und unter einem feuchten Küchentuch 15 bis 20 Minuten lang ruhen lassen.
7. Jede Teigkugel zu einem langen, gleichmäßig breiten Streifen ausrollen, etwa 23 cm lang und 4 cm breit. Die Teigstreifen spiralförmig um aufrecht stehende, eingefettete Kegelformen wickeln, sodass eine Muschel entsteht. Versuche, sie dreimal um die Form zu wickeln.
8. Die Hörnchen auf das Backpapier legen und das gesamte Blech mit Frischhaltefolie abdecken. 30 Minuten lang gehen lassen, bis der Teig seine Größe verdoppelt hat.
9. Backofen auf 180°C vorheizen.

FÜR DAS VERQUIRLTE EI:

1. Eigelb mit Milch verrühren und die Hörnchen mit der Mischung bestreichen. 16 Minuten lang backen oder bis der Teig goldgelb ist. Sobald die Hörnchen abgekühlt sind, von den Formen nehmen und einen Spritzbeutel mit der Schokoladencreme füllen. Die Schokoladencreme mit einer runden Spitze in die Hörner spritzen.
2. Durch ein feinmaschiges Sieb mit Puderzucker bestäuben.

BANANENMILCHHÖRNCHEN

Zeit: 4 Stunden, 20 Minuten (inklusive Ziehzeit für den Bananenpudding) • **Ergibt:** 6 gefüllte Hörnchen

HÖRNCHEN

1 Teelöffel Trockenhefe

1 Esslöffel Wasser, lauwarm

170 g Brotmehl

1 Esslöffel Zucker

½ Esslöffel Milchpulver

1 Esslöffel Ei, geschlagen

80 ml Wasser

1½ Esslöffel ungesalzene Butter, gewürfelt

Backtrennspray

BANANENPUDDING

2 mittelgroße Bananen, geschält und zerdrückt

420 ml Vollmilch

1 Teelöffel Vanilleextrakt

65 g Zucker

3 Esslöffel Speisestärke

¼ Teelöffel Salz

5 große Eigelb

VERQUIRLTES EI

1 großes Eigelb, geschlagen

1 Esslöffel Vollmilch

60 g Kakaopulver zum Garnieren

FÜR DIE HÖRNCHEN:

1. Ein großes Backblech mit Backpapier vorbereiten.
2. Hefe in einer kleinen Schüssel mit lauwarmem Wasser etwa 5 Minuten lang auflösen. Brotmehl, Zucker und Milchpulver in einer mittelgroßen Schüssel verquirlen, dann die Hefemischung mit der Mehlmischung vermengen.
3. In einer weiteren Schüssel Ei und Wasser vermischen und unter die Mehlmischung rühren.
4. Die Mischung in eine Küchenmaschine mit Knethakenaufsatz umfüllen und 5 Minuten lang bei mittlerer Geschwindigkeit mischen, bis sich eine Teigkugel zu bilden beginnt. Gewürfelte Butter hinzufügen und so lange mischen, bis der Teig glatt und elastisch ist, etwa 10 Minuten lang.
5. Den Teig in eine große, eingefettete Schüssel geben und mit Mehl bestäuben. Mit Frischhaltefolie abdecken und den Teig 1 Stunde lang ruhen lassen.

FÜR DEN BANANENPUDDING:

1. Während der Teig aufgeht, die zerdrückten Bananen und die Milch in einem Topf vermischen und bei mittlerer Hitze zum Köcheln bringen. Vom Herd nehmen und in eine Schüssel umfüllen. Mit Frischhalte-folie abdecken und mindestens 4 Stunden lang in den Kühlschrank stellen.
2. Die Bananenmischung nach dem Kühlen in einem Topf bei mittlerer Hitze wieder zum Köcheln bringen, dann Sieb in eine mittelgroße Schüssel abseihen.
3. Vanilleextrakt, Zucker, Speisestärke, Salz und Eigelbe in dem gleichen Topf wie eben verquirlen. Das Ganze mit der fertigen Bananenmilch verquirlen und bei schwacher Hitze wieder auf den Herd stellen.
4. Etwa 5 Minuten lang rühren und dann die Mischung auf mittlere Hitze bringen. Weitere 5 Minuten lang rühren, während der Pudding eindickt. Wenn die gewünschte Dicke erreicht ist, vom Herd nehmen und in eine Schüssel umfüllen. Mit Frischhaltefolie abdecken, und kühlstellen.
5. Sobald der Teig doppelt so groß geworden ist, mit dem Finger in den Teig stechen, um zu prüfen, ob er fertig ist. Wenn das Loch schnell verschwindet, braucht der Teig mehr Zeit zum Aufgehen.
6. Den Teig aus der Schüssel nehmen und auf eine mit Mehl bestäubte Fläche legen. Den Teig abklopfen, um einige der größeren Luftblasen zu entfernen, dann in 6 gleich große Stücke teilen. Die Stücke zu 6 Kugeln formen und unter einem feuchten Küchentuch 15 bis 20 Minuten lang ruhen lassen.
7. Jede Teigkugel zu einem langen, gleichmäßig breiten Streifen ausrollen, etwa 23 Zentimeter lang und 4 Zentimeter breit. Die Teigstreifen spiralförmig um aufrecht stehende, eingefettete Kegelformen wickeln, sodass eine Muschel entsteht. Versuche, sie dreimal um die Form zu wickeln.
8. Die Hörnchen auf das Backpapier legen und das gesamte Blech mit Frischhaltefolie abdecken. 30 Minuten lang gehen lassen, bis der Teig seine Größe verdoppelt hat.
9. Backofen auf 180°C vorheizen.

FÜR DAS VERQUIRLTE EI:

1. Eigelb mit Milch verrühren und die Hörnchen mit der Mischung bestreichen. 16 Minuten lang backen oder bis der Teig goldgelb ist. Sobald die Hörnchen abgekühlt sind, von den Formen nehmen und einen Spritzbeutel mit dem Bananenpudding füllen. Den Pudding mit einer runden Spitze in die Hörner spritzen.
2. Durch ein feinmaschiges Sieb mit Kakaopulver bestäuben und mit einem Glas Bananenmilch (Seite 36) genießen!

SIBERIA-KUCHEN

Zeit: 1 Stunde, 30 Minuten plus 23 Stunden Ruhezeit · **Ergibt:** 8 Kuchensandwich-Dreiecke

Siberia-Kuchen besteht aus zwei dicken Scheiben *Castella*-Schwammkuchen, mit einer glatten Schicht der roten Bohnenmarmelade *Mizu-Yōkan* dazwischen. Siberia-Kuchen war während der Meiji-Zeit (1868–1912 n. Chr.) auf dem Höhepunkt seiner Beliebtheit, aber durch Miyazakis Film wurde das Interesse an diesem Gericht von Neuem entfacht.

CASTELLA-KUCHEN

Backtrennspray

5 große Eier, auf Raumtemperatur

130 g Zucker

230 g Brotmehl, gesiebt

5 Esslöffel Wildblumenhonig

2 Esslöffel warmes Wasser

1 Teelöffel Vanilleextrakt

MIZU-YŌKAN

240 ml Wasser

1 Teelöffel *Kanten*-Pulver

2 Esslöffel Zucker

1 Prise Salz

360 ml *Koshi-An* (glatte rote Bohnenpaste, Seite 12)

ZU SEHEN IN: *Wie der Wind sich hebt*

In Hayao Miyazakis *Wie der Wind sich hebt* wird der Ingenieur Jiro in den 1920ern beauftragt, ein Militärflugzeug zu entwickeln. Diese Zeit war in Japan von weit verbreiteter Armut geprägt und in einer ergreifenden Szene bietet Jiro einigen hungrigen Kindern Siberia-Kuchen an, die aber letztendlich weglaufen, bevor sie diese köstliche Leckerei probieren können. Mach nicht den gleichen Fehler wie sie – zaubere noch heute einen schmackhaften Siberia-Kuchen!

FÜR DEN CASTELLA-KUCHEN:

1. Backofen auf 165°C vorheizen.
2. Zwei 20 mal 20 mal 5 cm große Backformen mit Backpapier auslegen. Mit Backtrennspray einsprühen.
3. Eier und Zucker in einer Küchenmaschine mit Rührbesenaufsatz bei mittlerer Geschwindigkeit verquirlen, bis der Teig eine cremige Konsistenz hat, etwa 5 Minuten lang. Das gesiebte Brotmehl in zwei Schritten unter Rühren hinzugeben, bis es eingearbeitet ist.
4. Honig, warmes Wasser und Vanilleextrakt in einer separaten Schüssel vermischen. Die Honigmischung zur Eimischung geben und mixen, bis sich ein gleichmäßiger Teig bildet.
5. Ein Sieb über die Kuchenform halten und die Hälfte der Teigmischung durch das Sieb gießen. Den Vorgang mit der zweiten Form wiederholen.
6. Die Oberflächen der Kuchen glattstreichen und 40 Minuten lang auf der mittleren Schiene des Ofens backen.
7. Die Kuchen aus dem Ofen nehmen und 20 Minuten lang abkühlen lassen, dann aus der Form nehmen und auf ein Gitterrost legen.

FÜR DAS MIZU-YŌKAN:

1. Wasser und *Kanten*-Pulver in einem Topf bei mittlerer Hitze unter Rühren zum Kochen bringen. Sobald die Mischung kocht, die Hitze auf niedrige Stufe reduzieren. Nach 2 Minuten vom Herd nehmen.
2. Zucker, Salz und *Koshi-An* zugeben und weiterrühren, bis alles vollständig vermengt und die Mischung glatt ist. Erneut zum Kochen bringen und dann vom Herd nehmen.
3. Eine saubere 20 mal 20 Zentimeter große Form mit Frischhaltefolie auslegen. Einen der beiden Castella-Kuchen mit der goldenen Seite nach unten in die Form legen. Das *Mizu-Yōkan* über den Castella-Kuchen gießen und glattstreichen. Dann den anderen Castella-Kuchen mit der goldenen Seite nach oben auf das *Mizu-Yōkan* legen. Den Kuchen mit Frischhaltefolie abdecken und über Nacht im Kühlschrank ruhen lassen.
4. Den Kuchen aus der Form nehmen, mit einem Brotmesser in vier gleich große Quadrate schneiden und dann jedes dieser Quadrate diagonal halbieren. Genießen!

RIESEN-MANJU

Zeit: 1 Stunde, 10 Minuten • **Ergibt:** 2 große *Manju*-Klöße oder 4 kleine *Manju*-Klöße

Manju sind gedämpfte Klöße, die üblicherweise mit roter Bohnenpaste oder Fleisch gefüllt sind (Die Fleischversion wird *Nikuman* genannt). Die äußere Schicht hat eine kuchenartige Konsistenz. Die Verwendung eines Dampfgarers ist entscheidend für das Gelingen dieses Rezepts! (*Anpan*-Brötchen sind den *Manju* sehr ähnlich, werden aber gebacken statt gedämpft.) Zwar ist rote Bohnenpaste die traditionellste *Manju*-Füllung, doch variieren die Geschmacksrichtungen von Region zu Region und man findet auch mit Sahne, Früchten und anderen Bohnensorten gefüllte *Manju*. Manche haben sogar eine äußere Schicht aus aromatisiertem Kuchen wie Matcha oder schwarzem Sesam. Neben der Rote-Bohnen-Version dieses Rezepts kannst du dich auch an der Pflaumenkaramellversion mit weißer Bohnenpaste versuchen!

MANJU

330 g Allzweckmehl

4 Teelöffel Backpulver

30 g Zucker

180 ml Wasser

240 ml rote Bohnenpaste (Seite 12), gekühlt

Zwei 10 mal 10 Zentimeter große Quadrate Backpapier oder vier 7½ mal 7½ Zentimeter große Quadrate für kleinere Klöße

FÜR DAS MANJU:

1. 300 g Mehl und Backpulver in einer großen Schüssel vermischen. Zucker hinzufügen und verquirlen, bis alles gleichmäßig vermischt ist, dann langsam das Wasser hinzufügen und mit einem Gummispatel verrühren.
2. Die restlichen 30 g Mehl auf eine saubere Arbeitsfläche streuen und den Teig darauf legen. Den Teig etwa 5 Minuten lang mit der Hand kneten. Wenn der Teig zu trocken ist, einen weiteren Teelöffel Wasser hinzufügen.
3. Den Teig in 2 gleich große Stücke teilen. Jedes Stück zu einer Kugel rollen und dann flach drücken und ausrollen, bis es etwa 0,3 cm dick ist. Für kleinere Klöße den Teig in vier gleich große Stücke teilen.
4. Jeweils die Hälfte der roten Bohnenpaste in die Mitte der beiden Teigkreise geben, bei kleineren Klößen ¼ der rote Bohnenpaste. Den Teig um die Bohnenpaste wickeln und die Ränder zusammendrücken, dann die Klöße mit der Naht nach unten auf ein kleines Quadrat Backpapier legen.
5. Die Klöße in einen Dampfgarer legen und 19 Minuten lang dämpfen.
6. Warm genießen.

ZU SEHEN IN: *Chihiros Reise ins Zauberland, Akatsuki no Yona: Prinzessin der Morgendämmerung, Idolmaster*

In Hayao Miyazakis *Chihiros Reise ins Zauberland* hat ein freundlicher Badehausangestellter Mitleid mit Chihiro und bringt ihr einen *Manju*-Kloß. Dieses jenseitige *Manju*, so groß wie Chihiros Kopf, ist der Inbegriff von Futter für die Seele.

PFLAUMENKARAMELL-MANJU

Zeit: 1 Stunde, 10 Minuten • **Ergibt:** 2 große *Manju*-Klöße oder 4 kleine *Manju*-Klöße

TEIG

330 g Allzweckmehl

4 Teelöffel Backpulver

30 g Zucker

180 ml Wasser

240 ml Pflaumenkaramell-Bohnenpaste, gekühlt

Sechs 5 mal 5 Zentimeter große Quadrate Backpapier

PFLAUMENKARAMELL-BOHNENPASTE

160 g Zucker

180 ml Wasser

80 ml Pflaumenwein (*Umeshu*)

1 frische Pflaume, fein gehackt

180 ml weiße Bohnenpaste (Seite 13)

FÜR DEN TEIG:

1. 300 g Mehl und Backpulver in einer großen Schüssel vermischen. Zucker hinzufügen und vermengen, bis alles gleichmäßig vermischt ist, dann langsam das Wasser hinzufügen und mit einem Gummispatel verrühren.
2. Die restlichen 30 g Mehl auf eine saubere Arbeitsfläche streuen und den Teig darauf legen. Den Teig etwa 5 Minuten lang mit der Hand kneten. Wenn der Teig zu trocken ist, einen weiteren Teelöffel Wasser hinzufügen.
3. Den Teig in 4 gleich große Stücke teilen.

FÜR DIE PFLAUMENKARAMELL-BOHNENPASTE:

1. Zucker und Wasser in einem Topf bei mittlerer Hitze aufkochen. Rühren, bis die Mischung zu blubbern beginnt und eine goldene Farbe annimmt. Nicht mehr rühren und den Karamell schnell vom Herd nehmen. Pflaumenwein und gehackte Pflaumen hinzufügen und rühren, bis sich alles verbunden hat.
2. 60 ml der Pflaumenkaramellsoße mit der weißen Bohnenpaste vermischen. Die Mischung mindestens 20 Minuten lang in den Kühlschrank stellen. (Die überschüssige Pflaumenkaramellsoße als Garnierung für Joghurt oder Eis aufbewahren.)
3. Nach dem Abkühlen ¼ der Pflaumenkaramell-Bohnenpaste in die Mitte jedes Teigkreises geben. Den Teig um die Bohnenpaste wickeln und die Ränder zusammendrücken, dann die Klöße mit der Naht nach unten auf ein kleines Quadrat aus Backpapier legen.
4. Die Klöße in einen Dampfgarer legen und 17 Minuten lang dämpfen.
5. Warm genießen.

ZU SEHEN IN: *Shirobako, Little Busters!, Sweetness & Lightning*

In der ersten Folge von *Shirobako* erschafft eine Gruppe von fünf Mädchen einen Anime für das Kulturfest ihrer Schule und schwört sich, eines Tages zusammen ihren eigenen professionellen Anime zu produzieren. Als sie sich zum letzten Mal als Oberschülerinnen treffen, rufen sie „Don-Don-Donuts, lassen wir es krachen!“, während sie ihre Donuts hochheben – ein zuckersüßer Toast auf ihre glänzende Zukunft in der Anime-Produktion.

DON-DON-DONUTS

Zeit: 5 Stunden • **Ergibt:** Neun 10 Zentimeter große Donuts

Japan ist bekannt für seine köstlichen, zähen Donuts. Die allgegenwärtige Kette Mister Donut (auch Misudo genannt) machte den Pon-de-ring-Donut populär, der aus kleinen Teigkugeln besteht, die einen Ring bilden. Die zähe Konsistenz wird z.B. durch *Mochiko*-Reismehl, Tapiokamehl und Seidentofu erreicht. In diesem Rezept benutze ich eine Mischung aus Reis- und Brotmehl und forme den Teig mit einem Donut-Ausstecher, um eine ähnliche Form wie in *Shirobako* zu erhalten.

VORTEIG/YUDANE

155 g *Mochiko*

240 ml Wasser

DONUTS

240 g Allzweckmehl

230 g Brotmehl

1 großes Ei

1½ Teelöffel Trockenhefe

1 Teelöffel Salz

3 Esslöffel Zucker

1 Esslöffel ungesalzene Butter, gewürfelt

950 ml Rapsöl oder ein anderes Öl ohne starken Eigengeschmack, zum Frittieren

½ Teelöffel Meersalzflocken

MISO-KARAMELLSOSSE

130 g Zucker

6 Esslöffel ungesalzene Butter

120 g Schlagsahne

1 Esslöffel weiße Miso-Paste

FÜR DEN VORTEIG:

1. Mochiko und Wasser in einem Topf verquirlen und erhitzen. Wenn die Zutaten beginnen, zusammenzukleben und einen Klumpen zu bilden (nach etwa 5 Minuten), die Mischung vom Herd nehmen und beiseite stellen.

FÜR DIE DONUTS:

1. In einer Küchenmaschine mit Knethakenaufsatz die *Mochiko*-Mischung mit 180 g Allzweckmehl, Brotmehl, Ei, Trockenhefe, Salz und Zucker vermengen und bei mittlerer Geschwindigkeit kneten.
2. Butter hinzufügen und bei mittlerer Geschwindigkeit etwa 8 bis 10 Minuten lang weiterrühren.
3. Den Teig in eine große eingefettete Schüssel geben und mit Frischhaltefolie abdecken. 3 Stunden lang bei Raumtemperatur ruhen lassen. Sobald der Teig doppelt so groß geworden ist, die restlichen 60 g Allzweckmehl auf eine saubere Arbeitsfläche streuen und den Teig darauf legen. Den Teig ca. 1,3 cm dick ausrollen.
4. Mit einem 10 cm großen Donut-Ausstecher Donut-Formen ausstechen, dann für jeden Donut ein kleines Quadrat aus Backpapier ausschneiden. Jeden Donut auf ein Stück Backpapier legen und mit Frischhaltefolie abdecken. Noch mal 1½ Stunden lang ruhen lassen.
5. Rapsöl in einer mittelgroßen Bratpfanne erhitzen. Sobald die Öltemperatur 165°C erreicht hat, zwei Donuts in die Pfanne geben und das Backpapier abziehen. 1 Minute lang frittieren, wenden und 1 weitere Minute lang frittieren. Die Donuts mit einem Schaumlöffel herausnehmen und auf ein Abtropfgitter legen.

FÜR DIE MISO-KARAMELLSOSSE:

1. Den Zucker in einen Topf geben und bei mittlerer bis starker Hitze schmelzen. Dabei ständig umrühren. Sobald der Zucker vollständig geschmolzen ist, weiterkochen, bis er eine schöne Bernsteinfarbe erreicht hat, etwa 2 weitere Minuten. Butter hinzufügen und verrühren, dann langsam die Schlagsahne unter ständigem Rühren hinzufügen, bis sich alles verbunden hat.
2. Karamellsoße vom Herd nehmen und die Misopaste einrühren. Die Karamellsoße etwa 10 Minuten lang abkühlen lassen, bevor sie mit einem Löffel auf die Donuts aufgetragen wird. Die Donuts vor dem Servieren mit Meersalzflocken bestreuen.

AUS DEM DAGASHIYA

DORAYAKI

Dorayaki besteht in der Regel aus zwei fluffigen und saftigen Pfannkuchen mit roter Bohnenpaste, Kastanien oder Sahne dazwischen. *Dorayaki* gibt es schon seit der Antike, aber die moderne, runde Pfannkuchenform wurde während der Edo-Zeit (1603–1868 n. Chr.) eingeführt. Die modernen *Dorayaki*, die auch vom europäischen Castella-Kuchen beeinflusst sind, wurden 1914 von einem Geschäft namens Usagiya in Ueno, Tokio, eingeführt.

ZU SEHEN IN: *Shōwa Genroku Rakugo Shinjū, Nisekoi, High School Fleet*

In Staffel 2 von *Shōwa Genroku Rakugo Shinjū* beginnt eine Szene damit, dass Shinnosuke ein frisches *Dorayaki*-Pfannkuchen-Sandwich in einem *Rakugo*-Theater genießt. *Rakugo* ist eine traditionelle japanische Kunst des komödiantischen Geschichtenerzählens, bei der ein einzelner Darsteller auf einer erhöhten Plattform sitzt und humorvolle Geschichten erzählt. *Dorayaki*-Pfannkuchen sind der perfekte Begleitsnack.

TIE-DYE-DORAYAKI

Zeit: 30 Minuten • **Ergibt:** 6 Pfannkuchen-Sandwiches

ZUTATEN

1 Esslöffel Wildblumenhonig

2 große Eier

2 Teelöffel Wasser

4 Esslöffel Zucker

½ Teelöffel Backpulver

60 g Allzweckmehl

2-4 Tropfen rosa Lebensmittel-Gelfarbe

2-4 Tropfen lila Lebensmittel-Gelfarbe

2-4 Tropfen blaue Lebensmittel-Gelfarbe

1 Teelöffel eingelegte Sakura-Blüten

120 ml weiße Bohnenpaste (Seite 13)

1. Eingelegte Sakura-Blüten 15 Minuten lang in einer kleinen Schüssel mit Wasser einweichen, um überschüssiges Salz zu entfernen.
2. Eier, Wasser und Zucker in einer mittelgroßen Schüssel verrühren. In einer separaten Schüssel Backpulver und Mehl vermischen. Dann die trockenen Zutaten zu den feuchten Zutaten geben und verrühren. Den Teig 5 Minuten lang ruhen lassen.
3. Während der Teig ruht, eine große antihaftbeschichtete Pfanne erhitzen. Kein Fett zum Backen verwenden, da dieses Bräunungen auf deinen Regenbogenpfannkuchen verursachen können.
4. Den Teig in drei gleich große Portionen in drei separate mittelgroße Schüsseln aufteilen. In jede Schüssel eine andere Lebensmittel-Gelfarbe geben und mischen, bis die Farbe gleichmäßig verteilt ist.
5. Den farbigen Teig aus zwei der Schüsseln in die dritte Schüssel umfüllen. Mit einem Zahnstocher die Farben vorsichtig durcheinander wirbeln, so dass sie ineinander übergehen, aber immer noch unterscheidbar sind.
6. 1 Esslöffel Teig in die Pfanne geben. Bei mittlerer Hitze 30 Sekunden lang backen und dann wenden, um die andere Seite zu backen. Nach weiteren 30 Sekunden aus der Pfanne nehmen. Mache 12 dieser Pfannkuchen.
7. Die Sakura-Blüten mit einem Papiertuch trocken tupfen, dann klein hacken und sie mit der weißen Bohnenpaste vermischen. Die Mischung in einen kleinen Spritzbeutel geben.
8. Etwa ½ Esslöffel der Bohnenpastenmischung mit einer runden Spritztülle auf 6 Pfannkuchen spritzen.
9. Die restlichen 6 Pfannkuchen auf die mit Bohnenpaste belegten Pfannkuchen legen, sodass 6 Pfannkuchen-Sandwiches entstehen.

CHIBI-DORAYAKI

Zeit: 20 Minuten
Ergibt: Etwa 12 Mini-Pfannkuchen-Sandwiches

ZUTATEN

1 Esslöffel Wildblumenhonig

2 große Eier

2 Teelöffel Wasser

4 Esslöffel Zucker

½ Teelöffel Backpulver

60 g Allzweckmehl

Schwarze Sesamkörner zum Garnieren

180 ml *Koshi-An* (glatte rote Bohnenpaste, Seite 12)

1. Eier, Wasser und Zucker in einer mittelgroßen Schüssel verrühren. In einer separaten Schüssel Backpulver und Mehl vermischen. Dann die trockenen Zutaten zu den feuchten Zutaten geben und verrühren. Den Teig 5 Minuten lang ruhen lassen.
2. Während der Teig ruht, eine große antihaftbeschichtete Pfanne erhitzen. Vier halbe Esslöffel Teig so auf die Pfanne verteilen, dass sich die Ränder nicht berühren. Die Oberseite jedes Pfannkuchens schnell mit einer kleinen Prise schwarzem Sesam bestreuen.
3. Etwa 30 Sekunden lang backen, bis sie goldgelb sind. Wenn die Pfannkuchen fertig sind, wirst du kleine Blasen bemerken, die sich an der Oberfläche bilden. Die Pfannkuchen umdrehen und auf der anderen Seite weitere 30 Sekunden lang backen. Pfannkuchen vom Herd nehmen und abkühlen lassen. Den Vorgang mit dem restlichen Teig wiederholen.
4. Einen kleinen Spritzbeutel mit *Koshi-An* füllen und mit einer runden Spritztülle eine großzügige Portion Bohnenpaste auf 12 der Pfannkuchen spritzen.
5. Die restlichen 12 Pfannkuchen auf die mit Bohnenpaste belegten Pfannkuchen legen, sodass 12 Mini-Pfannkuchen-Sandwiches entstehen.

WARABI-MOCHI →

Zeit: 1 Stunde, 30 Minuten **Ergibt:** Fünfundzwanzig 2½ mal 2½ Zentimeter große *Warabi*-Mochi-Würfel

Warabi-Mochi ist ein Sommer-*Wagashi*, das aus Farnkrautstärke (*Warabi-Mochiko*) anstelle von Reismehl (*Mochiko*) hergestellt wird und sich in seiner Konsistenz leicht von Mochi auf Reisbasis unterscheidet. Das *Warabi*-Mochi selbst hat keinen starken Eigengeschmack, aber es nimmt den Geschmack der Garnierung auf. *Warabi*-Mochi wird üblicherweise mit *Kinako* (Sojabohnenpulver) bestreut. Wenn du kein *Warabi-Mochiko* für dieses Rezept findest, kannst du auch Tapiokamehl verwenden, aber das wird die Konsistenz verändern. *Warabi*-Mochi wird oft mit *Kuromitsu*-Sirup serviert, den man kaufen oder durch Erhitzen von gleichen Teilen dunkelbraunem Zucker oder *Kurozatō* (schwarzer Zucker aus Okinawa) und Wasser bei schwacher Hitze herstellen kann.

ZUTATEN

70 g *Kinako*

180 ml *Warabi-Mochiko*

360 ml Wasser

65 g Zucker

1. Eine 20 mal 20 Zentimeter große Kuchenform mit 15 Gramm *Kinako*-Mehl ausstreuen.
2. *Warabi-Mochiko*, Wasser und Zucker in einem mittelgroßen Topf verrühren, bis sich die Zutaten aufgelöst haben und gleichmäßig eingearbeitet sind. Den Topf erhitzen und 10 Minuten lang rühren, bis die Mischung eindickt.
3. Den Teig in die vorbereitete Kuchenform füllen, solange er noch heiß ist.
4. Mit 45 g *Kinako* bestreuen und mindestens 30 Minuten lang in den Kühlschrank stellen.
5. Mochi mit einem scharfen Messer in Würfel schneiden und in dem restlichen *Kinako*-Mehl wälzen. Gekühlt servieren.

ZU SEHEN IN: *Let's Make a Mug Too, Yotsuiro Biyori*

In *Let's Make a Mug Too* bringt Koizumi Mami *Warabi*-Mochi zu Aoki Tōko, die gerade an ihrer Töpferscheibe werkelt. Töpferwaren passen wunderbar zu diesem traditionellen *Wagashi* – suche eine besondere Schale aus deiner Sammlung aus, wenn du deine schmackhaften *Warabi*-Mochi anrichtest!

ANMITSU

Zeit: 30 Minuten plus 1 Stunde im Kühlschrank • **Ergibt:** 3 Schalen

Anmitsu wird traditionell in Teehäusern und Spezialitätencafés serviert. Es besteht üblicherweise aus *Kanten*-Gelee, Dango, frisch geschnittenen Früchten, roter Bohnenpaste und Schwarzzuckersirup und umfasst oft auch eine Kugel Eis. Es ist als kühlendes Dessert für den Sommer gedacht, wobei die zähe Konsistenz des *Kanten*-Gelees die herzhafte und reichhaltige Textur der roten Bohnenpaste ergänzt.

KANTEN-GELEE

Backtrennspray

3 Esslöffel *Kanten*-Pulver

300 ml Wasser

6 Esslöffel Zucker

6 Tropfen Aromaextrakt (optional, nach Geschmack)

KUROMITSU-SIRUP

120 ml Wasser

65 g Zucker

110 g dunkelbrauner Zucker

ANMITSU

6 *Dango*-Klöße (Seite 37-38)

300 g geschnittene Früchte (z.B. Kiwis, Bananen, Mandarinen, Blaubeeren)

3 kleine Kugeln Matcha-Eis

3 Cocktailkirschen

ZU SEHEN IN: *Kantai Collection, Fuuka, Recovery of an MMO Junkie*

In *Kantai Collection* geht es um eine Gruppe von Mädchen, die von den Geistern historischer Marineschiffe bewohnt werden. Wegen eines Auftrags ist Fukubi besorgt und ihre Freundinnen versuchen, ihre Moral in einem Café zu stärken, wo sie eine randvolle Schale *Anmitsu* auf Kosten des Hauses bekommt. Eine Schale *Anmitsu* ist genau das Richtige, wenn du einen Selbstvertrauensschub brauchst!

FÜR DAS KANTEN-GELEE:

1. Eine 20 mal 20 Zentimeter große Glasbackform vorbereiten, indem du sie mit ein wenig Backtrennspray besprühst.
2. In einem Topf Kantenpulver und Wasser mischen und 5 Minuten lang quellen lassen. Die Mischung unter ständigem Rühren zum Köcheln bringen. Zucker hinzufügen und 3 Minuten lang weiterrühren.
3. Die Mischung vom Herd nehmen und deinen bevorzugten Aromaextrakt hinzufügen, dann die Mischung in die vorbereitete Backform gießen. Mindestens 1 Stunde in den Kühlschrank stellen, bis die Masse fest geworden ist.
4. Das Gelee aus der Form nehmen und auf ein Schneidebrett legen. Zuerst in lange Streifen und dann in Würfel schneiden. 450 g der Würfel für das Anmitsu beiseite legen und den Rest im Kühlschrank aufbewahren.

FÜR DEN KUROMITSU-SIRUP:

1. Wasser, Zucker und dunkelbraunen Zucker in einem mittelgroßen Topf bei schwacher bis mittlerer Hitze vermischen. Zum Köcheln bringen und 20 Minuten lang unter gelegentlichem Rühren einkochen. Den Sirup vom Herd nehmen und 10 Minuten lang abkühlen lassen.

FÜR DAS ANMITSU:

1. Die *Kanten*-Geleewürfel gleichmäßig auf die drei Servierschälchen verteilen, dann *Dango* und geschnittene Früchte auf dem Gelee anrichten, so dass alle Zutaten sichtbar sind.
2. In jede Schale 2 Esslöffel *Tsubu-An* und 1 Kugel Matcha-Eis geben. *Kuromitsu*-Sirup über jedes Gericht gießen und jede Schale mit einer Cocktailkirsche garnieren.

REGENBOGENKRISTALL-KOHAKUTOU

Zeit: 2 Stunden, 25 Minuten plus 2 Tage zum Trocknen • **Ergibt:** 30 bis 50 Kristallbonbons

ZU SEHEN IN: *Das Land der Juwelen, Sailor Moon*

Das Land der Juwelen spielt in der fernen Zukunft, lange nachdem die Menschen ausgestorben sind. Ihre Nachkommen, lebende Edelsteine, Juwelen genannt, bevölkern die Erde und verteidigen sich gegen die Lunarier, die die Juwelen jagen, um sie als Schmuck zu tragen. Du kannst über diese eigenartig schöne dystopische Vision nachsinnen, während du die essbaren Versionen der Protagonisten genießt!

Kohakutou sind edelsteinartige *Wagashi* mit einer knusprigen Außenseite und einem weichen Inneren. Färbe sie so, dass sie den vielen Farben der Juwelen gleichen und bewundere ihre Schönheit – zum Glück hat das Zerbrechen und Essen dieser hübschen Bonbons keine negativen Folgen!

ZUTATEN

1 Esslöffel *Kanten*-Pulver

180 ml plus 1 Esslöffel Wasser

210 g Zucker

4 Tropfen Aromaextrakt deiner Wahl (ich empfehle Mango und grüner Apfel)

Backtrennspray

3 bis 4 Tropfen Lebensmittel-Gelfarbe deiner Wahl

Essbare Silberfarbe zum Garnieren (optional)

1. *Kanten*-Pulver in Wasser geben und 5 Minuten lang auflösen lassen. Die Mischung unter ständigem Rühren zum Köcheln bringen. Zucker hinzufügen und 3 Minuten lang weiterrühren.
2. Die Mischung vom Herd nehmen und deinen bevorzugten Aromaextrakt hinein rühren.
3. Eine hitzebeständige, 20 mal 28 cm große Glasbackform mit Backtrennspray besprühen. Die *Kanten*-Mischung in die Form gießen.
4. Die Lebensmittelfarbe dazugeben und mit einem Zahnstocher spiralförmig verteilen, dann mindestens 2 Stunden lang in den Kühlschrank stellen.
5. Die gekühlte Mischung mit einem scharfen Messer in Rautenformen schneiden.
6. Ein Backblech mit Backpapier auslegen. Die Kristalle auf das Blech legen und 2 Tage lang mit Frischhaltefolie abgedeckt bei Zimmertemperatur trocknen lassen.
7. Wenn du willst, kannst du nach dem Trocknen die Ränder der *Kohakutou*-Kristalle mit einem Backpinsel mit essbarer Silberfarbe bemalen, um ihnen eine besondere Kristalloptik zu verleihen.

IE NI

ZU HAUSE

HEISSE HONIGMILCH

Zeit: 10 Minuten • **Ergibt:** 1 Tasse

Dieser Becher voller flüssigem Wohlbefinden wird dich in frühere Zeiten zurückversetzen. Ich empfehle, das seelenerwärmende Getränk mit Zimt, *Kinako*-Pulver oder Matcha-Pulver zu garnieren, um den beruhigenden Geschmack zu verstärken. Du kannst es trinken, wenn du an einem verregneten Tag einen Muntermacher brauchst, bevor du ins Bett gehst, oder wann immer du eine Dosis Entspannung benötigst.

ZUTATEN

240 ml Vollmilch oder Milch deiner Wahl

1 Esslöffel Honig

1 Teelöffel gemahlener Zimt, *Kinako*-Pulver oder Matcha-Pulver

1. Die Milch auf dem Herd in einem Topf bei mittlerer Hitze erwärmen.
2. Honig einrühren und die Mischung weiter auf die gewünschte Temperatur erhitzen. Den Topf vom Herd nehmen, kurz bevor sie zu kochen beginnt, nach etwa 5 Minuten.
3. Den Inhalt in deine Lieblingstasse gießen, aber nicht bis zum Rand. Dann die Milch mit einem Milchaufschäumer aufschäumen, bis eine Schaumschicht entsteht.
4. Nach Belieben eine Prise Zimt, *Kinako*-Pulver oder Matcha-Pulver auf die Milch streuen. Sofort genießen!

ZU SEHEN IN: *Ponyo, Yurikuma Arashi, Black Butler*

In Hayao Miyazakis *Ponyo* verwandelt sich ein kleiner Fisch aus Liebe in ein Menschenmädchen. Seine Verwandlung stört das Gleichgewicht des Meeres und verursacht einen Sturm von der Stärke eines Orkans. Als die beiden Kinder in Sosukes Haus in Sicherheit vor dem Sturm sind, macht seine Mutter ihnen heiße Milch mit Honig, damit sie sich aufwärmen können.

OHAGI

Zeit: 1 Stunde, 30 Minuten • **Ergibt:** 8 Stück

Ohagi sind Kugeln aus leicht zerstampftem Kleb- und Nichtklebreis, umhüllt von roter Bohnenpaste. *Ohagi* werden vor allem im Herbst gegessen, während es *Botamochi* (ein anderes Wort für *Ohagi*) im Frühling gibt; das hängt mit Higan zusammen, den buddhistischen Feiertagen, die in Japan während der Tagundnachtgleichen begangen werden. Der Hauptunterschied zwischen *Ohagi* und *Botamochi* besteht in der Art der verwendeten Bohnenpaste. Im Herbst sind die roten Bohnen frisch geerntet und weich, daher wird die Haut der Bohnen mit in die Paste (*Tsubu-An*) eingearbeitet. Im Frühjahr haben die Bohnen überwintert und sind hart geworden, so dass die Haut entfernt wird (*Koshi-An*).

ZUTATEN

490 g Klebreis (*Mochigome*)

100 g Sushireis

720 ml Wasser

720 ml *Tsubu-An* (grobe rote Bohnenpaste, Seite 12)

1 Esslöffel Matcha-Pulver

1. Reis in einem Nudelsieb abspülen. Nach dem Abspülen und Abtropfen 30 Minuten lang ruhen lassen. In einen Reiskocher füllen und mit 720 ml Wasser auffüllen. Vor dem Kochen weitere 30 Minuten lang ziehen lassen.
2. Den Reis kochen, abkühlen lassen.
3. Den Reis mit einem großen Löffel oder Stößel leicht zerdrücken, bis er eine klebrige Konsistenz erlangt, aber nicht vollständig zerdrückt ist. Den Reis zu Kugeln formen, etwa 2 Esslöffel pro Kugel.
4. Jedes Reisbällchen vorsichtig mit etwa 80 ml des *Tsubu-An* bedecken. Vor dem Servieren Matcha-Pulver mit einem feinmaschigen Sieb über jedes Stück *Ohagi* stäuben.

ZU SEHEN IN: *Twin Star Exorcists, The Helpful Fox Senko-san, Someday's Dreamers*

In *Twin Star Exorcists* zeigt Sae Benio ihre Zeichnungen des „*Ohagi*-Man“, als sie nach Kyoto reisen. Benio empfiehlt Kinkakuji, den Goldenen Pavillon, als Besichtigungsziel, aber sein wahres Ziel ist ein Laden, der die besten *Ohagi* der Stadt serviert. Obwohl ein Besuch im Kinkakuji immer lohnenswert ist, kannst du *Ohagi* auch zu Hause zubereiten und nebenbei essen, während du deine Reise planst.

PFANNKUCHEN NACH JAPANISCHER ART

Zeit: 45 Minuten • **Ergibt:** 4 mittelgroße Pfannkuchen

Japanische Pfannkuchen sind bekannt für ihre fluffige, souffléartige Konsistenz. Diese wird erreicht, indem das Eigelb abgeschöpft und das Eiweiß zu Eischnee geschlagen wird. Außerdem wird etwas Wasser in die Pfanne gegeben, um die Wirkung eines Dampfgarers zu imitieren. Japanische Pfannkuchen sind tendenziell leichter und weniger süß als andere Arten von Pfannkuchen - was natürlich bedeutet, dass man mehr davon essen kann!

ZUTATEN

2 große Eier, Eigelbe und Eiweiße getrennt
2 Esslöffel Zucker
½ Teelöffel Weinstein
35 g feines Mehl
½ Teelöffel Backpulver
1½ Esslöffel Vollmilch
½ Teelöffel Vanille- oder Mandelextrakt
1 Esslöffel Pflanzenöl
1 Esslöffel Wasser
3 Esslöffel gesalzene Butter, in Raumtemperatur
1 Teelöffel Wildblumenhonig
½ Teelöffel weißes Miso
60 ml reiner Ahornsirup

1. Eiweiß in einer Küchenmaschine auf hoher Stufe etwa 1 Minute lang schaumig schlagen, um Eischnee zu erhalten. Zucker und Weinstein hinzufügen und auf höchster Stufe weiterschlagen, bis sich weiche Spitzen bilden und der Eischnee glänzt, etwa 5 Minuten lang.
2. Mehl, Backpulver, Vollmilch, Eigelbe und Mandelextrakt in einer separaten Schüssel verquirlen.
3. Eine große Bratpfanne schwache erhitzen und Pflanzenöl hineingeben. Es ist wichtig, dass die Hitze gleichmäßig bleibt.
4. Einen Löffel Eischnee zur Eigelbmischung geben und verrühren. Dann den Rest des Eischnees mit einem Gummispatel langsam unter die Eigelbmischung heben. Arbeite langsam, damit die Masse nicht zusammenfällt.
5. Einen Spritzbeutel mit Pfannkuchenteig füllen. Mit einer runden Spritztülle ¼ der Pfannkuchenmasse in die heiße Pfanne spritzen. Den Teig nicht in die Breite, sondern in die Höhe spritzen, um die Struktur des Pfannkuchens zu bilden. Die Pfanne mit einem Deckel abdecken und 1 Minute lang backen.
6. Einen zusätzlichen kleinen Löffel Teig auf deinen Pfannkuchen geben. Weitere 2 Minuten bei geschlossenem Deckel backen.
7. Den Pfannkuchen umdrehen. Einige Tropfen Wasser um den Pfannkuchen geben und den Deckel wieder aufsetzen. Weitere 4 Minuten lang backen, dann vom Herd nehmen. Den Vorgang mit den restlichen Pfannkuchen wiederholen.
8. Butter mit Honig und Miso in einer kleinen Schüssel verrühren, bis die Masse glatt ist. Die Pfannkuchen nach Belieben mit einer großzügigen Menge Honigbutter und Ahornsirup übergießen.

ZU SEHEN IN: *Space Brothers, Hi Score Girl, Is the Order a Rabbit?*

In *Space Brothers* backt der angehende Astronaut Serika Itō Pfannkuchen. Er ist jedoch gezwungen, kleinere Portionen als üblich zu servieren, da sie noch vier Tage auf ihrer simulierten Weltraumreise vor sich haben und die Vorräte langsam zur Neige gehen. Ob du in einer Testumgebung eingeschlossen bist oder nicht, ich garantiere dir, dass du diese köstliche Leckerei nicht rationieren wollen wirst!

FUA-FUA-ARME-RITTER

Zeit: 25 Minuten plus Einweichen über Nacht • **Ergibt:** 4 dicke Dreiecke Arme Ritter

Japanische Arme Ritter erhalten ihre puddingartige Konsistenz, indem dicke *Shokupan*-Brotscheiben über Nacht in Teigmasse eingeweicht werden. Je länger das Brot die Flüssigkeit aufsaugen kann, desto puddingähnlicher werden deine Armen Ritter sein!

ZUTATEN

430 g Allzweckmehl

3 große Eier

1 Teelöffel Vanilleextrakt

Zwei 5 Zentimeter dicke Scheiben *Shokupan*-Brot (Seite 54)

1 Esslöffel gemahlener Zimt

1 Esslöffel Zucker

1 Esslöffel Pflanzenöl

1 Banane, geschält und in Scheiben geschnitten oder mit einem Keksausstecher in Formen gestanzt

1 Esslöffel Schokoladensoße

1 kleiner Zweig frische Minze

1. Mehl, Eier, Milch und Vanilleextrakt in einer großen Schüssel verquirlen.
2. Die Ränder des *Shokupan* mit einem Brotmesser entfernen und jede Scheibe diagonal in zwei Dreiecke teilen.
3. Die Brotscheiben in die Eimischung tauchen und in einem verschlossenen Behälter mindestens 15 Minuten lang einweichen lassen, idealerweise aber 12 Stunden lang.
4. Zimt und Zucker in einer kleinen Schüssel vermischen.
5. Pflanzenöl in einer großen Bratpfanne schwach erhitzen und zwei Stücke Brot in die Pfanne legen. Mit einem Deckel verschließen und etwa 5 Minuten lang backen, bis sie goldbraun sind. Die Brote wenden und 3 weitere Minuten lang backen. Den Vorgang mit den verbleibenden Stücken wiederholen.
6. Die Armen Ritter auf einen großen Teller legen. Die Zimt-Zucker-Mischung darüberstreuen. Die Bananenscheiben am Rand des Tellers anrichten und die Schokoladensoße über den Toast träufeln. Mit frischer Minze garnieren.

ZU SEHEN IN: *Encouragement of Climb, Selector Infected WIXOSS, Wataten: An Angel Flew Down to Me*

Encouragement of Climb zeigt, wie die schüchterne Aoi Kimura, mithilfe einiger naturliebender Freunde ihre Angst vor der Außen-welt und dem Klettern überwindet. Während einer Übernachtung planen Aoi und Kokona ein besonderes Gericht für ihren bevorstehenden Ausflug zum Strand des Hanno-Flusses. Mach es den Mädchen nach und zaubere Arme Ritter, um dein nächstes Abenteuer zu befeuern!

HISHI-MOCHI

Zeit: 1 Stunde • **Ergibt:** Etwa 16 rautenförmige Stücke

Hishi-Mochi haben die gleichen schönen Frühlingsfarben wie *Hanami-Dango* (Seite 37) – *Hishi* bezieht sich auf ihre Rautenform, die in Japan traditionell für Fruchtbarkeit steht. Dieses besondere *Wagashi* steht in engem Zusammenhang mit Hinamatsuri, dem Fest der Puppen (auch bekannt als Mädchentag), das in Japan auf den 3. März fällt. Hina-Puppen sollen Kinder von Krankheiten befreien und werden traditionell in der Nähe des Kopfkissens eines Kindes platziert, bis dieses drei Jahre alt ist.

ZUTATEN

120 ml Kartoffelstärke zum Bestäuben

460 g *Mochiko*

380 g Zucker

720 ml Wasser

1 Esslöffel Matcha-Pulver

1 Tropfen rosa Lebensmittel-Gelfarbe

ZU SEHEN IN: *Shirokuma Cafe, K-On!!, Recorder and Randsell*

In Folge 46 von *Shirokuma Cafe* überrascht der Eisbär-Besitzer des Cafés seine Freunde mit einem Geschenk aus mehrfarbigen *Hishi*-Mochi. Zu sehen, wie die tierischen Freunde diese saisonale Leckerei genießen, wird dich sicher in Stimmung bringen, dieses Rezept nachzumachen!

1. Eine 20 mal 20 cm große Backform einer großzügigen Menge Kartoffelstärke bestäuben.
2. 155 g Mochiko, 240 ml Wasser sowie 130 g Zucker in einer großen, hitzebeständigen Schüssel verquirlen. Das Matcha-Pulver hinzugeben und unter Rühren vermischen; das ist für die grüne Mochi-Schicht.
3. Die Schüssel mit Frischhaltefolie abdecken und 2 Minuten lang bei mittlerer Leistung in die Mikrowelle stellen. Die Mischung sollte anfangen zu blubbern. Umrühren, dann wieder mit der Frischhaltefolie abdecken und weitere 2 Minuten lang in der Mikrowelle erhitzen. Herausnehmen und mit einem Gummispatel umrühren. Das Mochi sollte nicht mehr flüssig sein, aber immer noch eine streichfähige, dehnbare Konsistenz haben.
4. Eine saubere Arbeitsfläche vorbereiten und mit Kartoffelstärke bestäuben. Das Mochi auf die Arbeitsfläche legen und die grüne Matcha-Schicht mit einem Nudelholz ausrollen, dann dünn mit Kartoffelstärke bestäuben und flachklopfen, um eine gleichmäßige Schicht zu bilden.
5. Die Schritte 2 bis 4 für die weiße und die rosa Schicht wiederholen, dabei der rosa Schichtmischung vor dem Erhitzen in der Mikrowelle einen Tropfen rosa Lebensmittel-Gelfarbe hinzufügen. Die weiße Schicht auf die grüne Schicht legen, gefolgt von der rosa Schicht.
6. Die rosa Schicht mit Kartoffelstärke bestäuben und flachklopfen, damit eine gleichmäßige Oberfläche entsteht. Das Mochi mit Frischhaltefolie abdecken und 30 Minuten lang in den Kühlschrank stellen.
7. Das Mochi mit einem scharfen Messer in etwa 7½ cm lange Rautenformen schneiden.
8. Mit einer Tasse heißem Matcha genießen!

KÄSE-MUFFINS

Zeit: 45 Minuten • **Ergibt:** 6 große Muffins

ZU SEHEN IN: *Hakkenden: Eight Dogs of the East*

Hamaji fordert Sosuke Inukawa in Folge 9 von *Hakkenden: Eight Dogs of the East* auf, Muffins zu backen. Die daraus resultierenden Blaubeer-, Walnuss- und Käse-Muffins versprühen zuckersüßen Glanz, als Sosuke sie präsentiert, aber es sind die Käse-Muffins, die allen die Schau stehlen. Ahme ihr auffälliges Funkeln mit ein wenig essbarem Glitzer nach!

Für dieses Rezept verwende ich milden weißen Cheddar, in Würfel geschnitten, damit die Muffins denen von Sosuke so ähnlich wie möglich sehen. Du kannst gerne auch geriebenen Käse als Ersatz benutzen, um ein weniger intensives Käsearoma zu erhalten.

ZUTATEN

Backtrennspray

6 Esslöffel ungesalzene Butter, geschmolzen und auf Raumtemperatur gekühlt

1 Esslöffel Zucker

240 ml Vollmilch

1 großes Ei

240 g Allzweckmehl

1 Esslöffel Backpulver

1 Teelöffel Salz

240 g weißer Cheddarkäse, in 1,3 cm große Würfel geschnitten und in zwei Portionen aufgeteilt, oder geriebenen Käse

1 Prise essbarer Silberglitzer

1. Backofen auf 180°C vorheizen.
2. Ein großes Muffinblech mit Muffinförmchen auslegen oder mit Backtrennspray einfetten.
3. Butter, Zucker und Milch in einer Küchenmaschine mit Knethakenaufsatz bei mittlerer Geschwindigkeit verquirlen. Ei hinzugeben und verrühren.
4. Mehl, Backpulver und Salz in eine große Schüssel geben und vermischen. Die feuchten Zutaten nach und nach unter die trockenen Zutaten in der großen Schüssel mischen. 120 g der Cheddar-Käsewürfel dazugeben und rühren, bis sie gleichmäßig verteilt sind.
5. Den Teig in die Muffinförmchen löffeln, bis jedes ½ bis ¾ voll ist, dann die restlichen 120 g Käsewürfel oben auf die Muffins geben.
6. 25 Minuten lang backen oder bis ein Zahnstocher sauber wieder herauskommt. Eine Prise essbaren Glitzer auf die fertigen Muffins streuen und warm genießen!

GEDÄMPFTE ZIMT-ROSINEN-MUFFINS

Zeit: 1 Stunde, 15 Minuten • **Ergibt:** 1 Dutzend Muffins

ZU SEHEN IN: *Anohana: Die Blume, die wir an jenem Tag sahen*

In *Anohana: Die Blume, die wir an jenem Tag sahen* kann Jintan dem geisterhaften Geplapper von Menma, einer Kindheitsfreundin, die vor Jahren gestorben ist und die niemand sonst sehen kann, nicht entkommen. Menma hatte einen Wunsch, den nur Jintan erfüllen konnte, aber ihr fällt nicht mehr ein, was es war! In Folge 3 erinnert sie sich daran, dass Jintans Mutter für alle ihre Freunde Zimt-Rosinen-Muffins gebacken hatte, bevor sie selbst verstorben ist. Menma nimmt sich vor, diese Muffins nachzubacken, in der Hoffnung, dass sie dadurch an ihren Wunsch erinnert wird. Probiere sie selbst und schau, welche Erinnerungen sie vielleicht in dir wachrufen!

Menma bereitet diese Muffins in einem Dampfgarer zu. Für unser Rezept empfehle ich ebenfalls die Verwendung eines Dampfgarers, aber wenn du keinen zur Verfügung hast, kannst du auch ein einfaches Wasserbad verwenden, um den gleichen Effekt zu erzielen.

ZUTATEN

270 g Allzweckmehl
65 g Zucker
1 Esslöffel Backpulver
½ Teelöffel Meersalz
1 Teelöffel gemahlener Zimt
1 großes Ei
240 ml Vollmilch
60 g ungesalzene Butter, geschmolzen und auf Raumtemperatur gekühlt
80 g Rosinen
2 Esslöffel dunkler Rohrzucker oder 240 ml *Koshi-An* (glatte rote Bohnenpaste, Seite 12)

1. 12 Muffinförmchen aus Papier oder Silikon bereitlegen.
2. Alle trockenen Zutaten außer dem Rohrzucker in eine große Schüssel geben und vermischen.
3. Ei und Milch in einer separaten Schüssel verquirlen, dann die flüssige Butter in die Mischung einrühren. Die feuchte Mischung nach und nach unter die trockenen Zutaten in der Schüssel heben, bis alles vermischt ist.
4. Die Rosinen in den Teig geben und vermischen, bis sie gleichmäßig verteilt sind.
5. Setze auf deinem Herd ein Wasserbad auf, indem du einen Topf, der zur Hälfte mit Wasser gefüllt ist, unter einen größeren, leeren Topf mit Deckel stellst. Der Boden des oberen Topfes sollte nicht mit dem Wasser darunter in Berührung kommen.
6. Jedes Muffinförmchen zu ¾ mit Teig füllen, jeweils etwa 2 Esslöffel. Jeden der Muffins mit Rohrzucker bestreuen. Alternativ eine Schnecke *Koshi-An*-Bohnenpaste darauf spritzen. (Du kannst im Laden *Koshi-An* aus der Tube kaufen, das perfekt dafür geeignet ist.)
7. 6 der Muffins in den Dampfgarer legen. Wenn du ein Wasserbad verwendest, wickle den Topfdeckel in ein Küchentuch, bevor du ihn auf den Topf legst. Dies verhindert, dass Kondenswasser vom Dampf auf die Muffins tropft.
8. Die Muffins bei mittlerer Hitze 32 Minuten lang dämpfen oder bis ein Zahnstocher sauber wieder herauskommt. Die Muffins werden die gesamte Form ausfüllen und möglicherweise nicht perfekt rund sein, was aber zu erwarten ist. Nimm jeden Muffin vorsichtig mit einem langen Löffel heraus, um zu verhindern, dass du dich am Dampf verbrennst. Den Vorgang wiederholen, bis der restliche Teig aufgebraucht ist.

MINI-HERING-UND-KÜRBIS-PASTETEN

Zeit: 2 Stunden, 20 Minuten • **Ergibt:** 6 Minipasteten

Die Pasteten in diesem Rezept werden einzeln in Auflaufförmchen gebacken, perfekt für einen Gang bei einer Dinnerparty oder einen Snack. Das Rezept verwendet *Kabocha*, eine japanische Kürbissorte mit grüner Schale, die in Japan eine beliebte herbstliche Zutat ist. Du kannst für dieses Rezept auch gekauften Blätterteig verwenden, um die Zubereitungszeit zu verkürzen.

ZU SEHEN IN: *Kikis kleiner Lieferservice*

In Hayao Miyazakis *Kikis kleiner Lieferservice* muss Kiki eine Hering-und-Kürbis-Pastete liefern, bevor sie auf eine Party gehen kann. Als sie die Pastete abholen will, stellt sie jedoch fest, dass sie noch gar nicht gebacken wurde. In dem darauf folgenden Chaos bringt sie es fertig, die Party zu verpassen und verliert vorübergehend ihre Kräfte als Hexe. Doch auch wenn sie Kiki Pech gebracht hat, solltest du dieser herzhaften Leckerei dennoch eine Chance geben!

BLÄTTERTEIG

120 g Allzweckmehl

1 Prise Salz

10 Esslöffel ungesalzene Butter, gewürfelt und gekühlt

80 ml Eiswasser

KABOCHA-PÜREE

240 ml geräucherter Hering aus der Dose, abgegossen

½ *Kabocha*-Kürbis

4 Esslöffel ungesalzene Butter

50 g dunkler Rohrzucker

65 g Zwiebel, gewürfelt

1 Teelöffel Knoblauchpulver

½ Teelöffel Salz

½ Teelöffel gemahlener schwarzer Pfeffer

BÉCHAMELSOSSE

480 ml Vollmilch

6 Esslöffel ungesalzene Butter

4 Esslöffel Allzweckmehl

1 Prise Salz

25 g fein geriebener Parmesankäse

VERQUIRLTES EI

1 großes Eigelb

60 ml Vollmilch

45 g schwarze Oliven, in Scheiben geschnitten, zum Garnieren

(Fortsetzung auf der nächsten Seite)

FÜR DEN BLÄTTERTEIG (DIESER SCHRITT KANN EINEN TAG ZUVOR GEMACHT WERDEN):

1. Mehl und Salz in einer mittelgroßen Schüssel vermischen. Gewürfelte Butter mit den Händen in das Mehl einarbeiten, bis es aus erbsengroßen Teigstücken besteht. Eiswasser hinzugeben und alles gut durchkneten.
2. Den Teig auf einer mit Mehl bestäubten Fläche durchkneten. Ausrollen und auf ein Drittel zusammenfalten. Den Vorgang 5 Mal wiederholen. Dann das Teigrechteck in Frischhaltefolie einwickeln und mindestens 1 Stunde lang in den Kühlschrank legen.

FÜR DAS KABOCHA-PÜREE:

1. Backofen auf 190°C vorheizen und sechs etwa 9 Zentimeter breite Auflaufförmchen mit jeweils 3 Heringfilets auslegen.
2. Kürbis der Länge nach halbieren und jede Hälfte in Alufolie wickeln. Die eingewickelten *Kabocha*-Hälften auf ein Backblech legen und auf der mittleren Schiene des Ofens 15 Minuten lang rösten.
3. Den *Kabocha*-Kürbis aus dem Ofen nehmen und 15 Minuten abkühlen lassen. Dann Haut und Kerne entfernen und den Kürbis in 2½ Zentimeter große Würfel schneiden.
4. Butter in einem Topf bei mittlerer Hitze erhitzen, bis sie zu bräunen beginnt, etwa 5 Minuten lang. Vom Herd nehmen.
5. Gerösteten Kabocha, braunen Zucker und gebräunte Butter in einen Mixer geben und bei mittlerer Geschwindigkeit etwa 30 Sekunden lang mixen, bis die Masse glatt ist. Dann Zwiebel, Knoblauchpulver, Salz und Pfeffer hinzufügen und etwa 15 Sekunden lang mixen, bis alles vermischt ist.
6. Eine gleichmäßige Menge (etwa 2 Esslöffel) des *Kabocha*-Pürees in jede Auflaufform auf den Hering geben.

FÜR DIE BÉCHAMELSOSSE:

1. Milch in einem kleinen Topf bei mittlerer Hitze erhitzen, bis sie köchelt, aber nicht kocht. Butter in einem separaten kleinen Topf bei mittlerer Hitze erhitzen, bis sie geschmolzen, aber nicht gebräunt ist, etwa 2 Minuten lang. (Du kannst die Butter auch in der Mikrowelle schmelzen.) Dann die geschmolzene Butter vom Herd nehmen.
2. Mehl und Salz zur geschmolzenen Butter geben und mit einem Holzlöffel umrühren, dann die Butter-Mehl-Mischung wieder auf den Herd stellen. Bei schwacher bis mittlerer Hitze etwa 5 Minuten lang köcheln. Die Mischung wird etwas goldener aussehen, aber nicht gebräunt.
3. Die erhitzte Milch in kleinen Schritten und unter ständigem Rühren bei schwacher Hitze zur Mehlmischung geben. Etwa 5 Minuten lang kochen, bis es blubbert. Vom Herd nehmen und den Parmesankäse einrühren.
4. Die Béchamelsoße gleichmäßig auf jede Auflaufform verteilen.
5. Den Blätterteig mit einem Nudelholz ausrollen. In 6 gleich große Quadrate schneiden und diese über die Förmchen drapieren. Die Teigränder an den Seiten der Förmchen andrücken und überschüssigen Teig abschneiden.
6. Den restlichen Teig ausrollen und mit einem kleinen Keksausstecher Fisch- oder Kürbisformen ausstechen. Die Formen auf jede der Auflaufförmchen legen. Bei der Gestaltung des Blätterteigs kannst du deiner Kreativität freien Lauf lassen!

FÜR DAS VERQUIRLTE EI:

1. Eigelb und Vollmilch in einer kleinen Schüssel verrühren. Die Oberseite jedes Auflaufförmchens mit der Mischung bestreichen und die in Scheiben geschnittenen Oliven um den äußeren Rand jedes Auflaufförmchens herum anordnen.
2. Auf der mittleren Schiene des Ofens 15 Minuten lang backen oder bis der Blätterteig eine goldbraune Farbe angenommen hat.

SATA-ANDAGI-OKINAWA-DONUTS

Zeit: 45 Minuten • **Ergibt:** 18 Donuts

Sata-Andagi sind frittierte Donuts mit einem knusprigen Äußeren und einem weichen Inneren. Sie werden traditionell aus feinem Mehl, Zucker und Eiern hergestellt und sind in der Regel etwas dichter als westliche Donuts. Das Gericht wanderte von Okinawa nach Hawaii, wo dem Rezept Milch und Vanille hinzugefügt wurden, um eine weichere Struktur zu erzielen. Probiere sie unbedingt, wenn sie warm und frisch sind! *Sata-Andagi* werden üblicherweise zu Hause zubereitet. Im Kühlschrank halten sie sich etwa 2 Tage.

ZUTATEN

1,2 l plus 1 Esslöffel Pflanzenöl

250 g feines Mehl

2 Teelöffel Backpulver

1 große Prise Salz

130 g Zucker

3 Esslöffel Kondensmilch

120 ml Wasser

2 große Eier

1. Eine große Edelstahlpfanne oder einen Wok zum Frittieren vorbereiten. 1,2 Liter Pflanzenöl erhitzen, bis es 165°C erreicht.
2. Mehl, Backpulver, Salz und Zucker in einer mittelgroßen Schüssel vermischen. Kondensmilch, Wasser, Eier und einen Esslöffel Pflanzenöl in einer separaten Schüssel vermengen.
3. ⅓ der feuchten Zutaten in die Schüssel mit den trockenen Zutaten geben und mit einem Gummispatel vorsichtig unterheben, sodass sich ein Teig zu bilden beginnt. Den Rest der feuchten Zutaten in zwei Schritten hinzufügen und vorsichtig unterheben.
4. Tischtennisballgroße Teigkugeln formen, dabei Pflanzenöl zum Befeuchten der Hände verwenden, damit der Teig nicht an ihnen kleben bleibt.
5. Die Teigkugeln in zwei Portionen in das Öl geben, dabei darauf achten, dass es nicht zu viele sind, damit sie nicht zusammenkleben. 8 Minuten lang frittieren oder bis der Teig eine goldbraune Farbe angenommen hat.
6. Die *Sata-Andagi* mit einem Schaumlöffel aus dem Öl nehmen und sofort genießen!

ZU SEHEN IN: *The Aquatope on White Sand, Azumanga Daioh*

Nachdem sie ihren Traum, ein J-Pop-Idol zu werden, in *The Aquatope on White Sand* aufgegeben hat, verlässt Fūka Miyazawa Tokio und reist nach Okinawa, wo sie Kukuru Misakino kennenlernt, den Interimsdirektor des Gama-Gama-Aquariums. Kukurus Großeltern füttern sie mit *Sata-Andagi* und Fūka beschließt schnell, in Okinawa zu bleiben und ebenfalls im Aquarium zu arbeiten.

ZU SEHEN IN: *The Way of the Househusband*

Als Tatsus Frau Miku in Folge 5 von *The Way of the Househusband* versucht, ihn mit einer Geburtstagstorte zu überraschen, richtet sie in der Küche ein riesiges Chaos an, das Tatsu aufräumen muss. Aber weil Miku so hart gearbeitet hat, beschließt Tatsu, den Kuchen zu retten, und das Ergebnis ist sowohl schön als auch lecker.

GEBURTSTAGSKUCHEN

Zeit: 1 Stunde, 20 Minuten • **Ergibt:** 2 Portionen

In diesem Rezept wirst du einen Kastenkuchen kreieren, der die Scheiben auf Tatsus und Mikus Tellern nachahmt. Du kannst diesen Kuchen zwar von Grund auf selbst backen, kannst dir aber auch gerne eine nicht ganz so perfekte Kreation deines Partners krallen und sie in ein Kunstwerk mit einer unwiderstehlichen Garnierung verwandeln!

KUCHEN

Backtrennspray

190 g feines Mehl

1 Teelöffel Backpulver

¼ Teelöffel Backnatron

1 große Prise Salz

60 ml saure Sahne

120 ml Vollmilch

115 g ungesalzene Butter, in Raumtemperatur

130 g Zucker

3 große Eiweiß

2 Teelöffel Vanilleextrakt

2 Scheiben Honig- oder Galiamelone

4 Erdbeeren, entstielt und in dünne Scheiben geschnitten

Frische Minze zum Garnieren

6 Kerzen zum Garnieren

BUTTERCREME

115 g ungesalzene Butter, in Raumtemperatur

225 g Puderzucker

2 Teelöffel Vanilleextrakt

1 große Prise Salz

2 Esslöffel Schlagsahne

SCHLAGSAHNE

120 g Schlagsahne

1 Esslöffel Zucker

½ Teelöffel Vanilleextrakt

FÜR DEN KUCHEN:

1. Eine Kastenform mit Backpapier auslegen und mit Backtrennspray einsprühen.
2. Backofen auf 180°C vorheizen.
3. Mehl in eine mittelgroße Schüssel sieben, dann Backpulver, Backnatron und Salz hinzufügen und vermischen. In einer separaten kleinen Schüssel saure Sahne und Milch vermischen.
4. Butter mit einem Handmixer locker und fluffig schlagen. Zucker hinzufügen und verrühren, dann Eiweiß und Vanilleextrakt hinzufügen und weiterschlagen, bis sie eingearbeitet sind.
5. Mehlmischung und Saure-Sahne-Mischung abwechselnd in drei Schritten in die Rührschüssel der Küchenmaschine geben und vermischen.
6. Den fertigen Teig in die Kastenform füllen. 40 Minuten lang backen oder bis ein Zahnstocher sauber wieder herauskommt.

FÜR DIE BUTTERCREME:

1. Butter mit einem Handmixer schlagen, bis sie locker und fluffig ist. Puderzucker in drei Schritten bei niedriger Geschwindigkeit hinzugeben, dann Vanille, Salz und Schlagsahne hinzufügen und schlagen.
2. Den Kuchen aus dem Ofen nehmen und 15 Minuten lang abkühlen lassen, bevor er aus der Form genommen wird. Sobald der Kuchen abgekühlt ist, eine dicke Schicht Buttercreme auf den Kuchen auftragen.

FÜR DIE SCHLAGSAHNE:

1. Sahne in einer gekühlten Schüssel mit einer Küchenmaschine 1 Minute lang bei hoher Geschwindigkeit schlagen. Zucker und Vanilleextrakt hinzufügen und weiterschlagen, bis sich weiche Spitzen bilden.
2. Den Kuchen in 6 gleich große Scheiben schneiden. Auf 2 großen separaten Tellern jeweils 3 Scheiben Kuchen anrichten. Jeweils mit 1 Melonenscheibe und fächerförmig angeordneten Erdbeerscheiben dekorieren.
3. Die Schlagsahne in einen Spritzbeutel füllen und mit einer großen Sterntülle auf die Kuchenscheiben spritzen. Mit Minzzweigen garnieren.

ISSHO NI
ZUM TEILEN

DAS PERFEKTE PARFAIT, ZWEI ARTEN

Parfaits gibt es in Japan in zahllosen Varianten und oft enthalten sie saisonale Früchte, Eis, Schlagsahne und Kekse. Sie sind in der Regel für zwei oder mehr Personen gedacht, und einige Geschäfte bieten sogar extragroße Parfaits für große Gruppen an. Die folgenden Rezepte sind für große Eisbecher gedacht und eignen sich perfekt, um sie mit einem anderen Anime-Liebhaber zu teilen!

ZU SEHEN IN: *3D Kanojo, Gintama, Rainy Cocoa*

In *3D Kanojo* sitzt Hikari Tsutsui mit Arisa Ishino zusammen, die ein Parfait isst, während sie darüber diskutieren, wie Hikari seine Gefühle für Iroha Igarashi ausdrücken kann. Es ist ein beeindruckendes Parfait mit einem ganzen *Purin*, verschiedenen Früchten, Vanilleeis und einer Müslimischung. Arisa bestellt sogar noch ein zweites Parfait, bevor sie gehen. Diese Desserts sollen extravagant sein, also folge deinem Herzen, wenn es um die Auswahl der Zutaten geht!

KAWAII PARFAIT

Zeit: 10 Minuten • **Ergibt:** 1 großes Parfait (480 ml)

SCHOKOLADEN-SCHLAGSAHNE

120 g Schlagsahne

1 Esslöffel Zucker

1 Esslöffel Kakaopulver

PARFAIT

180 g Himbeeren oder eine andere rote Frucht deiner Wahl

360 ml Schokoladenmüsli

240 ml Schokoladencreme (Seite 60)

1 Kugel Schokoladeneis

1 Kugel Erdbeer- oder Kirscheis

240 ml Koala-Kekse

3 frische Erdbeeren, in Scheiben geschnitten und mit einem kleinen Keksausstecher in Blumenform gestanzt

FÜR DIE SCHOKOLADEN-SCHLAGSAHNE:

1. Schlagsahne in einer gekühlten Schüssel mit einer Küchenmaschine 30 Sekunden lang bei mittlerer Geschwindigkeit schlagen. Zucker und Kakaopulver hinzufügen und weiterschlagen, bis sich steife Spitzen bilden.

FÜR DAS PARFAIT:

1. 90 g Himbeeren in einen großen Eisbecher geben und festdrücken. Die Himbeeren mit 180 ml Schokoladenmüsli bedecken und 120 ml Schokoladencreme darauf verteilen.
2. Schritt 1 wiederholen. Die Zutaten sollten etwa bis zum Rand des Glases reichen. Mit Schokoladeneis und Erdbeereis toppen.
3. Mit einem Spritzbeutel mit großer Sterntülle die Schokoladensahne daraufspritzen und mit Koala-Keksen und den frischen Erdbeerblumen garnieren.

CRAZY PARFAIT

Zeit: 10 Minuten • **Ergibt:** 1 großes Parfait (480 ml)

ZUTATEN

240 ml gehackte Schokoladenkekse
180 g in Scheiben geschnittene gemischte Früchte
(z.B. Orange, Kiwi, Banane, Erdbeere)
120 ml Müsli deiner bevorzugten Geschmacksrichtung
1 Kugel Vanilleeis
1 Kugel Karamelleis
1 *Purin* (Seite 33)
1 Cocktailkirsche
3 Aprikosen-Yuzu-Marschmallows (Seite 101)
1 *Chibi-Dorayaki* (Seite 72)

1. 120 ml gehackte Schokoladenkekse in einen großen Eisbecher geben.
2. 45 g gemischte Früchte hinzugeben.
3. Das gesamte Müsli hinzugeben.
4. Weitere 45 g gemischte Früchte hinzugeben.
5. Mit den verbleibenden 120 ml Keksen bedecken.
6. Vanille- und Karamelleis hinzugeben.
7. Mit *Purin* und den verbleibenden 90 g gemischten Früchten belegen.
8. Mit Aprikosen-Yuzu-Marshmallows und einer Cocktailkirsche garnieren, sowie weiteren mundgerechten Keksen oder Snacks aus diesem Buch, zum Beispiel *Chibi-Dorayaki*, Pocky (Seite 34) oder *Dango*-Klößen (Seiten 37–38).

APRIKOSEN-YUZU-MARSHMALLOWS

Zeit: 30 Minuten plus 3 Stunden im Kühlschrank • **Ergibt:** Sechzehn Marshmallow-Würfel

ZUTATEN

30 g Puderzucker

30 g Speisestärke

Backtrennspray

4 Teelöffel Gelatinepulver

60 ml kaltes Wasser

160 ml pürierte Aprikosen

1 Teelöffel Yuzu-Extrakt

290 g Zucker

120 ml Maissirup

1 große Prise Salz

3 große Eiweiß

1. Eine quadratische, 20 mal 20 Zentimeter große Backform mit Frischhaltefolie auslegen. Puderzucker in einer kleinen Schüssel mit Speisestärke vermischen. Die mit Frischhaltefolie ausgekleidete Form mit Backtrennspray einsprühen und dann durch ein feinmaschiges Sieb großzügig mit der Hälfte der Mischung aus Speisestärke und Puderzucker bestäuben.
2. In einer kleinen Schüssel Gelatine in kaltes Wasser einstreuen und verrühren. 5 Minuten ruhen lassen.
3. Pürierte Aprikose, Zucker, Yuzu-Extrakt, Maissirup und Salz in einem Topf bei mittlerer Hitze vermischen. Etwa 8 Minuten lang kochen, bis ein Zuckerthermometer 115°C anzeigt, dann den Topf vom Herd nehmen.
4. Während die Aprikosenmischung kocht, die Gelatinemischung 10 Sekunden lang in der Mikrowelle erhitzen und umrühren. Mit der Aprikosenmischung verquirlen, nachdem die Aprikosenmischung keine Blasen mehr wirft.
5. Eiweiß in einer Küchenmaschine bei hoher Geschwindigkeit schlagen, bis sich weiche Spitzen bilden. Weiter bei hoher Geschwindigkeit schlagen und die Gelatine-Aprikosenmischung vorsichtig unterrühren.
6. Die Marshmallow-Mischung in die vorbereitete Form gießen. Die Oberfläche der Mischung glätten und mit der restlichen Mischung aus Speisestärke und Puderzucker bestäuben. Abdecken und mindestens 3 Stunden lang in den Kühlschrank stellen.
7. Mit einem scharfen Messer die Ränder des Marshmallows von den Seiten der Form lösen. Die Form mit einem Schneidebrett bedecken, umdrehen und das Marshmallow auf das Schneidebrett legen. Das Marshmallow in 5 Zentimeter große Würfel schneiden, dann die Marshmallow-Würfel in eine mittelgroße Schüssel mit der restlichen Zucker- und Speisestärkemischung geben und schwenken, bis sie rundum bedeckt sind.
8. In einem luftdichten Behälter bei Raumtemperatur bis zu 1 Woche lang aufbewahren.

JAPANISCHE WEIHNACHTSTORTE

Zeit: 2 Stunden plus 30 Minuten Abkühlzeit • **Ergibt:** Ein Kuchen

Weihnachtstorte, *Kurisumasu-Kēki*, sind in Japan während der Weihnachtszeit allgegenwärtig. Diese dekadente Nachspeise kam erstmals nach dem Zweiten Weltkrieg auf, als die japanische Wirtschaft am Boden lag und süße Leckereien rar waren. Amerikanische Soldaten verteilten Schokolade und anderes Naschwerk, was dazu führte, dass Süßigkeiten zu einem erstrebenswerten Symbol für Wohlstand und Amerikanisierung wurden, und Weihnachten wurde bald als Inbegriff des Überflusses gefeiert. In Anime werden Weihnachtstorten oft auf Partys genossen, in einem Moment der Ruhe und des Zusammenseins vor einem großen Staffelfinale.

Zwischen den Schichten dieser dekadenten Chiffon-Biskuittorte finden sich frische Schlagsahne und saftige, geviertelte Erdbeeren. Oben drauf gibt es noch mehr Schlagsahne und Erdbeeren, und für die Weihnachtsstimmung kannst du auch gezuckerten Rosmarin oder einen frischen Minzzweig hinzufügen.

TORTE

Backtrennspray

120 ml Pflanzenöl

6 große Eier, Eigelb und Eiweiß getrennt

180 ml Vollmilch

300 g Allzweckmehl, gesiebt

300 g Kristallzucker

2 Teelöffel Backpulver

½ Teelöffel Weinstein

2 Teelöffel Vanilleextrakt

400 g Erdbeeren, entstielt und geviertelt

5 frische ganze Erdbeeren, entstielt

1 Zweig frische Minze oder kandierter Rosmarin

SCHLAGSAHNE

950 g kalte Schlagsahne

8 Esslöffel Kristallzucker

4 Teelöffel Vanilleextrakt

1. Backofen auf 165°C vorheizen.

FÜR DIE TORTE:

1. Zwei runde, 20 Zentimeter große Kuchenformen dünn mit Backtrennspray einsprühen, dann den Boden jeder Form mit aus Backpapier auslegen.
2. Öl, Eigelb und Milch in einer Schüssel mit einer Küchenmaschine oder einem elektrischen Handrührer verquirlen. Mehl, 150 g Zucker und Backpulver in einer separaten Schüssel vermischen. Diese Mischung zur Eimischung geben und verquirlen, bis alles verbunden ist.
3. Eiweiß mit einer Küchenmaschine oder einem elektrischen Handrührer bei mittlerer Geschwindigkeit schlagen, bis es leicht trübe wird. Weinstein in die Eiweißmischung geben und weiterschlagen bis die Eier beginnen einzudicken und eine weiße Farbe annehmen. Die restlichen 150 g Zucker dazugeben und weitere 2 Minuten lang schlagen. Dann Vanilleextrakt hinzufügen und das Eiweiß weiterschlagen, bis alles verbunden ist.
4. Das Eiweiß mit einem Gummispatel unter den Kuchenteig heben. Ich empfehle, dies schrittweise zu tun und vorsichtig zu mischen, damit das Eiweiß nicht zusammenfällt. So lange mischen, bis die Zutaten gleichmäßig verteilt sind.
5. Eine gleich große Menge des fertigen Teigs in jede der ausgekleideten Kuchenformen gießen. Die Formen vorsichtig gegen die Arbeitsfläche klopfen, damit Luftblasen leichter entweichen können. Auf der mittleren Schiene 1 Stunde lang backen und von Zeit zu Zeit sicherstellen, dass der Kuchen nicht zu schnell braun wird. Wenn die Oberseite braun wird, die Hitze auf etwa 155°C reduzieren.

6. Prüfe, ob die Torten durch sind, indem du einen Zahnstocher in ihre Mitte steckst. Wenn der Zahnstocher nicht sauber herauskommt, weiterbacken und beobachten. Sobald die Torten fertig sind, lasse sie vollständig abkühlen, etwa 30 Minuten lang, bevor du sie vorsichtig aus der Form nimmst.
7. Jede der Torten mit einem Brotmesser waagerecht halbieren, so dass 4 gleiche Scheiben entstehen. Die Oberseite jeder Torte entfernen und beiseite legen.

FÜR DIE GESCHLAGENE SAHNE:

1. Sahne, Zucker und Vanilleextrakt in eine kalte Schüssel geben. Bei mittlerer Geschwindigkeit in einer Küchenmaschine mit Schneebesenaufsatz 4 Minuten lang schlagen, bis sich weiche Spitzen bilden. Die Schlagsahne sollte eine streichfähige Konsistenz haben.
2. Die untere Schicht der Torte mit einem Klecks Schlagsahne auf einer Tortenplatte befestigen. Eine gleichmäßige Schicht Schlagsahne auf der Torte verteilen. Entweder die Hälfte oder ein Drittel der geviertelten Erdbeeren auf der Schlagsahneschicht verteilen, je nachdem, wie viele Schichten du bauen willst.
3. Den vorherigen Schritt wiederholen und die restlichen Tortenscheiben auf die Schichten aus Schlagsahne und Erdbeeren legen, bis die Torte entweder drei oder vier Schichten hoch ist. (Wenn du bei drei Schichten aufhörst, kannst du während des Dekorierens ruhig von dem überschüssigen Stück naschen!). Für zusätzliche Stabilität empfiehlt es sich, die Torte nach dem Auftragen jeder einzelnen Schicht kühlzustellen, damit die Schlagsahne im Kühlschrank fest werden kann.
4. Die Schlagsahne an den Seiten der gesamten Torte mit einem Gummischaber glattstreichen und oben auf die Torte ebenfalls großzügig Schlagsahne auftragen. Du kannst die Oberseite entweder so glatt wie die Seiten machen oder die Schlagsahne so formen, dass sie Schneewehen imitiert!
5. Die Torte mit 5 ganzen frischen Erdbeeren verzieren. Mit einem Zweig frischer Minze oder kandiertem Rosmarin garnieren.

ZU SEHEN IN: *Saint Young Men, Himouto! Umaru-chan, Cheer Boys!!, Log Horizon*

In der Alltagskomödie *Saint Young Men* sind Buddha und Jesus Zimmergenossen, die sich eine Wohnung in Tokio teilen. Zur Weihnachtszeit vergisst Jesus, dass er Geburtstag hat (er bewundert den Weihnachtsmann über alle Maßen und glaubt, dass die Hauptbedeutung von Weihnachten darin besteht, den Tag zu feiern, an dem der Weihnachtsmann das rentierbetriebene Fliegen verwirklichte). Buddha nutzt die Zerstreutheit seines Mitbewohners aus, um eine Überraschungsparty für ihn zu schmeißen, bei der er einem entzückten Jesus eine mit einer Weihnachtsmannfigur dekorierte Weihnachtstorte überreicht. Mache auch deine nächste Weihnachtsfeier zu etwas ganz Besonderem mit diesem publikumswirksamen Backwerk!

WEIHNACHTS-CUPCAKES

Zeit: 1 Stunde, 30 Minuten • **Ergibt:** 12 Cupcakes

Backe die Miniversion einer japanischen Weihnachtstorte!

CUPCAKES

60 ml Pflanzenöl

3 große Eier, Eigelb und Eiweiß getrennt

80 ml Vollmilch

150 g Allzweckmehl, gesiebt

150 g Kristallzucker

1 Teelöffel Backpulver

¼ Teelöffel Weinstein

1 Teelöffel Vanilleextrakt

3 Stängel frische Minze

SCHLAGSAHNE

480 g kalte Schlagsahne

4 Esslöffel Kristallzucker

2 Teelöffel Vanilleextrakt

MINI-WEIHNACHTSMANNFIGUREN

18 Erdbeeren, entstielt

40 g Mini-Schokoladensplitter

1. Backofen auf 165°C vorheizen.
2. Ein Cupcake-Blech mit 12 Cupcake-Förmchen aus Papier auslegen.

FÜR DIE CUPCAKES:

1. Öl, Eigelb und Milch in einer Schüssel mit einer Küchenmaschine oder einem elektrischen Handrührer verquirlen. Mehl und Backpulver in einer separaten Schüssel vermischen. Diese Mischung zur Eimischung geben und verquirlen, bis alles verbunden ist.
2. Eiweiß entweder mit einer Küchenmaschine oder einem elektrischen Handrührer bei mittlerer Geschwindigkeit schlagen, bis das Eiweiß leicht trübe wird. Weinstein in die Eiweißmischung geben und weiterschlagen. Die Eier werden beginnen, einzudicken und eine weiße Farbe annehmen. Zucker dazugeben und weitere 4 Minuten lang bei hoher Geschwindigkeit schlagen, bis sich weiche Spitzen bilden. Dann Vanilleextrakt hinzufügen und das Eiweiß weiterschlagen, bis alles verbunden ist.
3. Das Eiweiß mit einem Gummispatel unter den Kuchenteig heben. Ich empfehle, dies schrittweise zu tun und vorsichtig zu mischen, damit die Baisermasse nicht zusammenfällt. So lange mischen, bis die Zutaten gleichmäßig verteilt sind.
4. Eine gleich große Menge des Teigs in jedes der Cupcake-Förmchen gießen, sodass sie zu ¾ gefüllt sind. Das Blech vorsichtig gegen die Arbeitsfläche klopfen, damit Luftblasen leichter entweichen können. Auf der mittleren Schiene des Ofens 30 Minuten lang backen.
5. Prüfe, ob die Cupcakes gar sind, indem du einen Zahnstocher hinein steckst. Wenn der Zahnstocher nicht sauber herauskommt, weiterbacken und beobachten. Sobald die Cupcakes fertig sind, lasse sie vollständig abkühlen, bevor du sie vorsichtig aus dem Blech nimmst.

FÜR DIE SCHLAGSAHNE:

1. Sahne, Zucker und Vanilleextrakt in eine kalte Schüssel mit Rührbesenaufsatz geben. In einer Küchenmaschine mit Schneebesenaufsatz bei mittlerer Geschwindigkeit 4 Minuten lang schlagen, bis sich weiche Spitzen bilden. Die Schlagsahne sollte eine streichfähige Konsistenz haben.
2. Jeden Cupcake mit Schlagsahne bestreichen.

FÜR DIE MINI-WEIHNACHTSMANNFIGUREN:

1. Das spitze Ende jeder Erdbeere abschneiden und einen etwa 2 Zentimeter großen Klecks Schlagsahne daraufspritzen. Die Erdbeerspitze auf die Schlagsahne setzen und 2 kleine Schokoladensplitter als Augen hinzufügen.
2. Jeden Cupcake mit einem Weihnachtsmann und einem Zweig frischer Minze verzieren.

MATCHA-BISKUITROLLE

Zeit: 2 Stunden, 30 Minuten plus 2 Stunden im Kühlschrank • **Ergibt:** 1 Matcha-Biskuitrolle, in 8 Stücke geschnitten

Verwende für dieses Rezept unbedingt ein tiefes Backblech mit einem hohen Rand (mindestens 2 Zentimeter).

BISKUITROLLE

Backtrennspray
130 g feines Mehl
2 Esslöffel Matcha-Pulver
½ Teelöffel Backpulver
4 große Eier, getrennt, Eiweiß gekühlt und Eigelb in Raumtemperatur
65 g Zucker
2 Esslöffel Vollmilch
120 ml *Tsubu-An* (grobe rote Bohnenpaste, Seite 13)

MATCHA-SCHLAGSAHNE

360 g kalte Schlagsahne
3 Esslöffel Zucker
1 Esslöffel Matcha-Pulver

ZU SEHEN IN: *Yumeiro Patissiere, Princess Jellyfish, ACCA: 13-Territory Inspection Dept.*

In *Yumeiro Patissiere* träumt Sennosuke davon, Ost und West in einem neuen Laden neben dem traditionellen *Wagashiya* seiner Familie zu vereinen, sehr zum Ärger seines kleinen Bruders. In Folge 4 jedoch backt Sennosuke eine Matcha-Biskuitrolle mit roter Bohnenpaste, die von Ichita hergestellt wurde, und das Ergebnis ist eine ideale brüderliche Zusammenarbeit. Erlebe die Kombination von japanischen und westlichen Süßigkeiten, mit dieser makellosen Matcha-Biskuitrolle!

1. Backofen auf 190°C vorheizen.

FÜR DIE BISKUITROLLE:

1. Ein 38 mal 25 Zentimeter großes, tiefes Backblech mit Backpapier auslegen und dünn mit Backtrennspray einsprühen. Zwei zusätzliche Stücke Backpapier gleicher Größe vorbereiten und beiseite legen.
2. Mehl und Matcha-Pulver in eine große Schüssel sieben und mit dem Backpulver vermischen.
3. Eigelbe in einer anderen Schüssel verquirlen. Die Hälfte des Zuckers in die Eigelbe einrühren, bis sie sehr cremig sind.
4. Das Eiweiß in einer dritten Schüssel schlagen, bis es eine schaumige Konsistenz hat. Dann den restlichen Zucker hinzufügen und weiterschlagen, bis sich steife Spitzen bilden und das Eiweiß glänzt.
5. Langsam ⅓ der Baisermischung unter die Eigelbmischung rühren. Dann die Baiser-Eigelbmischung in die Schüssel mit der restlichen Baisermasse geben und die beiden Komponenten mit einem Gummispatel vorsichtig vermengen. Nicht zu kräftig rühren.
6. Die Mehl-Matcha-Mischung zur Baisermischung geben und mit dem Spatel unterheben. Dann die Milch hinzufügen und unterheben, bis sie eingearbeitet ist.
7. Den Teig auf das vorbereitete Backblech gießen und die Oberfläche glattstreichen. Das Blech vorsichtig gegen die Arbeitsfläche klopfen, damit Luftblasen leichter entweichen können. Auf der mittleren Schiene 10 Minuten lang backen oder bis ein Zahnstocher sauber wieder herauskommt.
8. Den Kuchen aus dem Ofen nehmen und 1 Minute lang abkühlen lassen. Ein zweites Stück Backpapier auf den noch warmen Kuchen legen. Dann das Blech mit Ofenhandschuhen auf eine saubere Arbeitsfläche stürzen. Das Backpapier, das sich auf dem Boden des Backblechs befand, entfernen und ein neues Stück Backpapier auf den Kuchen legen. Darauf achten, dass die braune Seite des Kuchens nach oben zeigt.

9. Den warmen Kuchen und das Backpapier langsam zu einem Zylinder aufrollen. (Es empfiehlt sich, ein Küchenhandtuch zu verwenden, damit du dich nicht verbrennst.) Ein Küchenhandtuch über die Kuchenrolle spannen und sie vollständig abkühlen lassen, etwa 1 Stunde lang. Das Handtuch sollte die Rolle an Ort und Stelle halten.

FÜR DIE MATCHA-SCHLAGSAHNE:

1. Während die Biskuitrolle abkühlt, Schlagsahne und Zucker in einer Küchenmaschine mit Rührbesenaufsatz oder mit einem Handrührer bei hoher Geschwindigkeit schlagen. Etwa 5 Minuten lang weiterschlagen, bis die Mischung streichfähig wie Zuckerguss ist, aber nicht so weich, dass sie aus der Rolle heraus laufen wird. Matcha-Pulver hinzufügen und weitere 10 Sekunden lang mischen, bis das Matcha gleichmäßig verteilt ist.
2. Die Biskuitrolle ausrollen, sobald sie abgekühlt ist. An den Seiten einen 1,3 Zentimeter breiten Rand frei lassen und die Matcha-Schlagsahne in der Mitte der braunen Innenseite des Kuchens verteilen.
3. Das *Tsubu-An* auf den Rand des Kuchens geben, an dem du beginnst, ihn zur Mitte hin aufzurollen.
4. Den Kuchen langsam wieder aufrollen und dabei darauf achten, dass die Füllung nicht herausquillt. Die Biskuitrolle in Backpapier oder Frischhaltefolie einwickeln, damit sie ihre Form behält, und 2 Stunden lang mit der Naht der Umhüllung nach unten in den Kühlschrank stellen.
5. Vor dem Servieren ein Ende des Kuchens mit einem scharfen Brotmesser abschneiden, um den inneren Strudel zum Vorschein zu bringen (und den Anblick als Belohnung für ein gelungenes Werk zu genießen!).
6. In die gewünschte Breite schneiden (ich empfehle, sie in 8 Stücke zu teilen) und servieren.

BISKUITROLLE MIT SCHWARZEM ZUCKER UND SOJA

Zeit: 2 Stunden, 30 Minuten plus 2 Stunden im Kühlschrank • **Ergibt:** 1 Biskuitrolle, in 8 Stücke geschnitten

ZU SEHEN IN: *Food Wars! Shokugeki no Sōma, My Love Story!!, Log Horizon*

In einem Zweikampf gegen Erina Nakiri in *Food Wars! Shokugeki no Sōma* beeindruckt Momo Akanegakubo mit ihrer *kawaii* Biskuitrolle mit Schlagsahne, die einen Hauch von Sojasoße enthält. Der Sojageschmack verstärkt den Geschmack der braunen Zuckerzutaten, ähnlich wie die unwiderstehliche Kombination aus süßen und salzigen Noten in gesalzenem Karamell. Vielleicht willst du deine Rolle stattdessen mit Sojabuttercreme füllen, die eine stabilere Füllung für Biskuitrollenanfänger ist. Schlagsahne und Buttercreme mit Sojasoße sind wahrlich eine Delikatesse!

Schwarzer Zucker ist eine Spezialität aus Okinawa. Du kannst für dieses Rezept dunkelbraunen Zucker oder dunklen Muscovado-Zucker verwenden, wenn schwarzer Zucker in deiner Gegend nicht zu bekommen ist.

BISKUITROLLE

Backtrennspray

150 g feines Mehl

1 Teelöffel Backpulver

½ Teelöffel Backnatron

1 große Prise Salz

4 große Eier, in Raumtemperatur

220 g Kurozato (Okinawa-Schwarzzucker), dunkler Muscovado-Zucker oder dunkelbrauner Zucker

120 ml Buttermilch

80 ml Raps- oder anderes Pflanzenöl

1 Teelöffel Vanilleextrakt

SOJASCHLAGSAHNE

360 g Schlagsahne

3 Esslöffel Zucker

1 Teelöffel Sojasoße

OPTIONAL: SOJABUTTERCREME

230 g ungesalzene Butter

450 g Puderzucker

60 g Schlagsahne

1 große Prise Salz

2 Teelöffel Sojasoße

1. Backofen auf 190°C vorheizen.

FÜR DIE BISKUITROLLE:

1. Ein 38 mal 25 cm großes, tiefes Backblech mit Backpapier auslegen und dünn mit Backtrennspray einsprühen. Zwei zusätzliche Stücke Backpapier gleicher Größe vorbereiten und beiseite legen.
2. Mehl in eine große Schüssel sieben und mit Backpulver, Backnatron und Salz vermischen.
3. Eier in einer separaten Schüssel mit 165 g *Kurozato* verquirlen. Buttermilch, Öl und Vanilleextrakt in die Eimischung einrühren, dann die trockenen Zutaten dazu geben und verrühren.
4. Den Teig in das vorbereitete Backblech gießen und die Oberfläche glattstreichen. Das Blech vorsichtig gegen die Arbeitsfläche klopfen, damit Luftblasen leichter entweichen können. Auf der mittleren Schiene 20 Minuten lang backen oder bis ein Zahnstocher sauber wieder herauskommt.
5. Den Kuchen aus dem Ofen nehmen und 1 Minute lang abkühlen lassen. Ein zweites Stück Backpapier auf den Kuchen legen. Dann das Blech mit Ofenhandschuhen auf eine saubere Arbeitsfläche stürzen. Das Backpapier, das sich auf dem Boden des Backblechs befand, entfernen und ein neues Stück Backpapier auf den Kuchen legen. Darauf achten, dass die braune Seite des Kuchens nach oben zeigt.
6. Den warmen Kuchen und das Backpapier langsam zu einem Zylinder aufrollen. Ein Küchenhandtuch über die Kuchenrolle spannen und sie vollständig abkühlen lassen, etwa 1 Stunde lang. Das Handtuch sollte die Rolle an Ort und Stelle halten.

FÜR DIE SOJASCHLAGSAHNE:

1. Während die Biskuitrolle abkühlt, Schlagsahne und Zucker in einer Küchenmaschine mit Rührbesenaufsatz oder mit einem Handrührer bei hoher Geschwindigkeit schlagen. Etwa 5 Minuten lang weiterschlagen, bis die Mischung streichfähig wie Zuckerguss ist, aber nicht so weich, dass sie an den Seiten der Rolle auslaufen wird. Sojasoße hinzufügen und weitere 10 Sekunden lang verrühren.

FÜR DIE SOJABUTTERCREME:

1. Während der Kuchen abkühlt, Butter und Zucker in einer Küchenmaschine mit Rührbesen bei hoher Geschwindigkeit schlagen. Puderzucker in zwei Schritten dazugeben, dann Schlagsahne und Salz. 2 Teelöffel Sojasauce, hinzufügen und schlagen, bis alles verbunden ist.
2. Die Biskuitrolle ausrollen, sobald sie abgekühlt ist. An den Seiten einen 1,3 Zentimeter breiten Rand frei lassen und die Sojaschlagsahne oder Buttercreme in der Mitte des Kuchens verteilen, die restlichen 55 g *Kurozato* darüber streuen.
3. Den Kuchen vorsichtig wieder aufrollen und dabei darauf achten, dass die Füllung nicht herausquillt. Die Biskuitrolle in Backpapier oder Frischhaltefolie einwickeln, damit sie ihre Form behält, und 2 Stunden lang mit der Naht der Umhüllung nach unten in den Kühlschrank stellen.
4. Vor dem Servieren ein Ende des Kuchens abschneiden, um den inneren Strudel zum Vorschein zu bringen.

VALENTINSTAGS-SCHOKOLADENKUCHEN

Zeit: 1 Stunde, 30 Minuten • **Ergibt:** 8 dicke Scheiben Kastenkuchen

ZU SEHEN IN: *K-On!!, Log Horizon, Yumeiro Patissiere*

Für den Valentinstag beschließt Azusa Nakano in Folge 22 von *K-On!!*, einen Schokoladenkuchen für ihre Senpais im Light Music Club zu backen. Als der Tag kommt, kann sie jedoch nicht den Mut aufbringen, die Torte zu überreichen. Ihre Freundinnen denken, dass sie schüchtern ist, doch Azusa ist traurig, dass ihre Senpais bald ihren Abschluss machen und ihre gemeinsame Zeit sich dem Ende zuneigt. Zum Glück überwindet sie ihre Angst und schafft es, den Kuchen zu überreichen, der daraufhin von allen gelobt wird.

Feiere den Valentinstag und die Vergänglichkeit aller Dinge mit diesem dekadenten zweischichtigen Kuchen, genau wie Azusa!

KUCHEN

Backtrennspray
260 g Zucker
240 ml Rapsöl
120 g saure Sahne
2 extragroße Eier
300 g Allzweckmehl
120 g Kakaopulver
2½ Teelöffel Backpulver
½ Teelöffel Backnatron
1 große Prise Salz
240 ml aufgebrühter Kaffee

BUTTERCREME

230 g ungesalzene Butter, in Raumtemperatur
450 g Puderzucker
60 g Kakaopulver
5 Esslöffel Schlagsahne
1 Prise Salz
½ Teelöffel Vanilleextrakt

SCHOKOLADENGLASUR

2 Esslöffel ungesalzene Butter
55 g gehackte Milchschokolade oder Milchschokoladendrops
115 g Puderzucker
2 Esslöffel kochendes Wasser

FÜR DEN KUCHEN:

1. Eine Kastenform mit Backpapier auslegen und mit Backtrennspray einsprühen.
2. Backofen auf 180°C vorheizen.
3. Zucker und Öl in einer Küchenmaschine bei mittlerer Geschwindigkeit vermischen. Saure Sahne sowie Eier hinzufügen und verrühren.
4. Mehl, Kakaopulver, Backpulver, Backnatron und Salz in einer separaten Schüssel vermischen. Die trockenen Zutaten in drei Schritten zu den feuchten Zutaten geben, dabei bei niedriger Geschwindigkeit mischen, bis alles verbunden ist. Dann den aufgebrühten Kaffee hinzufügen und verrühren, bis er eingearbeitet ist.
5. Den Teig in die vorbereitete Kastenform gießen und auf der mittleren Schiene des Ofens 50 Minuten lang backen oder bis ein eingesteckter Zahnstocher sauber wieder herauskommt.

FÜR DIE BUTTERCREME:

1. Während der Kuchen backt, Butter in einer Küchenmaschine bei mittlerer Geschwindigkeit mit einem Schlagbesenaufsatz schlagen, bis sie locker und fluffig ist. Bei niedriger Geschwindigkeit den Puderzucker in vier Schritten hinzufügen. Kakaopulver, Schlagsahne, Salz und Vanilleextrakt hinzugeben und schlagen, bis alles verbunden ist. Beiseite stellen.

FÜR DIE SCHOKOLADENGLASUR:

1. Butter und gehackte Vollmilchschokolade in einem Topf bei schwacher Hitze zum Schmelzen bringen, dann vom Herd nehmen. Puderzucker langsam und unter ständigem Rühren direkt in die geschmolzene Schokolade sieben. Dann das kochende Wasser hinzufügen, um die Mischung zu verdünnen, bis man sie gut gießen kann. Beiseite stellen.
2. Den Kuchen aus dem Ofen nehmen und 15 Minuten abkühlen lassen, bevor er aus der Form genommen wird. Sobald er vollständig abgekühlt ist, den Kuchen mit einem Brotmesser horizontal halbieren und die Oberseite abschneiden, so dass zwei flache, gleich große Stücke entstehen.
3. Ein Backblech mit Frischhaltefolie auslegen und ein Stück Kuchen darauf legen. Eine dicke Schicht Buttercreme auf den Kuchen auftragen. Die andere Hälfte des Kuchens auf die erste Hälfte legen. Die Schokoladenglasur über den Kuchen gießen, auf der gesamten Oberfläche verteilen und an den Seiten heruntertropfen lassen.
4. Den Kuchen 30 Minuten lang in den Kühlschrank stellen, dann zum Servieren mit einem Brotmesser in 8 gleich große Stücke schneiden.

ERDBEER-SCHOKOLADEN-SCHACHBRETTKEKSE

Zeit: 1 Stunde, 15 Minuten • **Ergibt:** 12 Schachbrettkekse

Diese auffälligen Kekse gehören zu den Favoriten in Anime, was wahrscheinlich an ihrem leicht zu erkennenden Muster liegt. Backe eine Ladung, um sie mit jemandem zu teilen, für den du große Gefühle hegst!

ZU SEHEN IN: *Toradora!, Boarding School Juliet, One Week Friends*

In *Toradora!* backt die zierliche, aber schlagkräftige Taiga Aisaka in einem Schulkochkurs Schachbrettkekse, um sie ihrem Schwarm Kitamura zu geben. Die Kekse sind ein Erfolg, aber ihr Versuch, sie Kitamura zu überreichen, geht auf dramatische Weise schief.

ZUTATEN

230 g ungesalzene Butter, in Raumtemperatur
65 g Zucker
1 Teelöffel Vanilleextrakt
2 große Eier
300 g Allzweckmehl
1 große Prise Salz
3 Esslöffel Kakaopulver
2 Tropfen rosa Lebensmittel-Gelfarbe
3 Teelöffel Erdbeerextrakt

1. Ein großes Backblech mit Backpapier auslegen.
2. Butter und Zucker in einer Küchenmaschine mit Schlagbesenaufsatz bei mittlerer Geschwindigkeit etwa 1 Minute lang cremig schlagen, bis die Masse locker und fluffig ist. Vanilleextrakt und 1 Ei hinzugeben und unterrühren.
3. Mehl und Salz vermischen. Die Mehlmischung in zwei Schritten zu der feuchten Mischung geben und verrühren.
4. Den Teig in zwei gleiche Teile trennen. (Es empfiehlt sich, den Teig mit einer Küchenwaage abzuwiegen, um genau zu sein.) Kakaopulver in einer Küchenmaschine mit Schlagbesenaufsatz bei mittlerer Geschwindigkeit etwa 1 Minute lang in die Hälfte des Teigs einrühren, dann den Teig beiseite stellen.
5. Lebensmittelfarbe und Erdbeerextrakt zur anderen Hälfte des Teigs geben und mit der Küchenmaschine bei mittlerer Geschwindigkeit etwa 1 Minute lang verrühren.
6. Jedes Teigstück zwischen zwei Stücke Backpapier legen und zu einem 18 mal 18 Zentimeter großen, etwa 1,3 Zentimeter dicken Viereck ausrollen. Den Teig 30 Minuten lang kalt stellen.
7. Den Teig mit einem Lineal und einem scharfen Messer oder Pizzaschneider in neun Streifen von je 2 Zentimetern Breite schneiden. Die Arbeitsfläche mit Frischhaltefolie bedecken und drei Teigstreifen in abwechselnden Farben nebeneinander legen, sodass sich ihre Ränder berühren. Die Streifen sanft zusammendrücken.
8. Das restliche Ei in einer kleinen Schüssel schlagen. Mit einem Backpinsel eine dünne Schicht Eimasse auf die Teigstreifen auftragen.
9. Drei weitere Teigstreifen, ebenfalls in abwechselnden Farben, auf den ersten Satz legen, wobei die Streifen parallel zu denen der ersten Schicht verlaufen. Den Vorgang so lange wiederholen, bis du keinen Teig mehr hast oder bis der Keksstamm so breit ist, wie du ihn haben möchtest.
10. Backofen auf 180°C vorheizen.
11. Den Keksstamm in Frischhaltefolie einwickeln und 15 Minuten lang einfrieren oder etwa 40 Minuten lang in den Kühlschrank stellen, bis er fest ist. Dann den Stamm mit einem scharfen Messer in einen halben Zentimeter breite Stücke schneiden.
12. Die Kekse auf das vorbereitete Backblech legen. 11 Minuten lang auf der mittleren Schiene backen.

VALENTINSTAGSPRALINEN

Zeit: 20 Minuten plus 30 Minuten im Kühlschrank • **Ergibt:** 18 Pralinen

In Japan schenken am Valentinstag in der Regel die Frauen den Männern Pralinen. (Die Männer revanchieren sich am White Day, der auf den 14. März fällt.) Das Schenken von Pralinen am Valentinstag kann in drei Kategorien unterteilt werden: *Honmei-Choco* sind Pralinen, die für den romantischen Partner bestimmt und tendenziell teurer und erlesener sind oder mehr Aufwand erfordern, wenn man sie zu Hause herstellt; *Tomo-Choco* sind Pralinen für Freunde, die oft in der Schule verschenkt werden (das Wort *Tomo* kommt von *Tomodachi*, dem japanischen Wort für Freund); *Giri-Choco* oder „Pflichtpralinen" sind Pralinen, die man Arbeitskollegen, Familienmitgliedern und anderen Bekannten schenkt, die nicht ganz in die ersten beiden Kategorien fallen.

Die folgenden Variationen von Valentinstagspralinen werden sicher jeden erfreuen, der sie bekommt. Ich empfehle, für diese Rezepte hochwertige Tafelschokolade oder Kuvertüre anstelle von Schokoladendrops zu verwenden. Schokoladendrops werden mit Sojalecithin hergestellt, damit sie beim Backen ihre Form behalten, und dieser Stoff behindert den Temperiervorgang. Halte stattdessen nach Marken Ausschau, die einen hohen Anteil an Kakaobutter enthalten.

ZUTATEN

160 g hochwertige Zartbitter-schokolade, gehackt

240 g hochwertige weiße Schokolade, gehackt

1 Teelöffel Matcha-Pulver

160 g Ruby Schokoladendrops

240 ml zerdrückter Brownie

1 Esslöffel gemischte Streusel

ZU SEHEN IN: *Hinako Note, Das Verschwinden der Yuki Nagato, Shojo-Mangaka Nozaki-kun*

In *Hinako Note* stolpert Hinako eines Nachts in die Küche und entdeckt Mayuki, die in einem geheimnisvollen Topf auf dem Herd rührt und dabei Chiyakis Spitznamen skandiert. Hinako befürchtet, dass Mayuki versucht, Chiyaki zu vergiften. Es stellt sich heraus, dass sie Valentinstagspralinen für Chiyaki gemacht hat und gehört hatte, dass die Leckerbissen besser schmecken, wenn man während der Herstellung den Namen der Person ruft, für die man die Pralinen macht. Vergiss nicht, dasselbe zu tun, wenn du deine Valentinstagspralinen machst!

1. Zartbitterschokolade in eine kleine, hitzebeständige Schüssel geben und bei mittlerer Leistung in die Mikrowelle stellen, bis die Schokolade auf einem Zuckerthermometer 46°C erreicht.
2. Die geschmolzene Schokolade umrühren, bis sie auf eine Temperatur zwischen 31° und 32°C abgekühlt ist. Nach dem Temperieren kannst du deine Schokolade testen, indem du einen Klecks davon auf ein Stück Backpapier tupfst. Erfolgreich temperierte Schokolade härtet aus und glänzt bei Zimmertemperatur.
3. In eine Silikonform mit 12 Herzförmchen mit einem kleinen Backpinsel eine dünne Schicht Zartbitterschokolade in 9 der Herzförmchen streichen.
4. Die weiße Schokolade nach demselben Verfahren wie die Zartbitterschokolade in der Mikrowelle erhitzen, bis sie auf einem Zuckerthermometer 43°C erreicht. Die geschmolzene Schokolade umrühren, bis die Temperatur 29°C beträgt, dann das Matcha-Pulver einrühren. Mit einem Spritzbeutel mit kleiner runder Spitze die weiße Matcha-Schokolade in die Förmchen spritzen, dabei jedes Förmchen zu ¾ füllen. Den Rest der Förmchen mit der übrigen Zartbitterschokolade füllen und 10 Minuten lang aushärten lassen.
5. Die Ruby-Schokolade in einer kleinen, hitzebeständigen Schüssel in der Mikrowelle schmelzen, auf die gleiche Weise wie die Zartbitter- und die weiße Schokolade, bis die Schokolade auf einem Zuckerthermometer 43°C erreicht. Die geschmolzene Schokolade umrühren, bis die Temperatur zwischen 28° und 30°C beträgt.
6. In einer separaten separate Silikonform Ruby-Schokolade auf die Innenseite von 9 weiteren Herzförmchen streichen.
7. 2 Teelöffel zerdrückten Brownie mit den Händen in jedes Förmchen drücken, dann den zerdrückten Brownie mit der Ruby-Schokolade bedecken. 10 Minuten lang aushärten lassen.
8. Sobald die Schokoladenherzen ausgehärtet sind, vorsichtig aus ihren Förmchen nehmen.
9. Ein großes Backblech mit Backpapier auslegen und die Zartbitter-Schokoladenherzen darauf legen. Dann die restliche Matcha-Schokolade wieder erwärmen und über die Zartbitter-Schokoladenherzen träufeln. Gemischte Streusel hinzufügen, solange die Schokolade noch feucht ist.
10. Die Pralinen vor dem Verpacken oder dem Verzehr weitere 20 Minuten trocknen lassen. In einem luftdichten Behälter aufbewahren.

VALENTINSTAGS-
SCHOKOLADENHERZ

Zeit: 1 Stunde plus 50 Minuten im Kühlschrank • **Ergibt:** Ein 18 Zentimeter großes Herz

ZUTATEN

480 ml zerbröselter Rührkuchen

120 ml Buttercreme oder abgepackte Glasur

240 g hochwertige weiße Schokolade, gehackt

2 Tropfen ölbasierte rosa Lebensmittelfarbe

2 Tropfen ölbasierte lila Lebensmittelfarbe

Essbarer rosa Glitzerstaub zum Garnieren

Essbarer roter Glitzer zum Garnieren

1. Ein kleines Backblech mit Backpapier auslegen.
2. Zerbröselten Kuchen und Buttercreme in einer Schüssel vermischen.
3. Weiße Schokolade in eine kleine, hitzebeständige Schüssel geben und bei mittlerer Leistung 30 Sekunden lang in der Mikrowelle schmelzen, gefolgt von 30-, 15- und 10-Sekunden-Schritten, bis die Schokolade auf einem Zuckerthermometer 43°C erreicht.
4. Weiße Schokolade umrühren, bis sie auf eine Temperatur zwischen 28° und 30°C abgekühlt ist, dann rosa und lila Lebensmittelfarbe in die Schokolade mischen und verwirbeln, um einen Marmoreffekt zu erzeugen.
5. Die Hälfte der Schokoladenmischung in eine große Herzform gießen, um die Schokolade gleichmäßig verteilen.
6. Die Schokolade in der Form 10 Minuten lang aushärten lassen, dann mit einem Backpinsel eine weitere Schicht Schokolade auf die Innenwände der Form auftragen. Das Ganze weitere 10 Minuten aushärten lassen.
7. Die Kuchen-Glasurmischung mit einem großen Löffel in die Form füllen, sodass oben ein wenig Platz bleibt. Dann die weiße Schokoladenmasse erneut erwärmen und in die Form gießen, sodass sie bis oben hin gefüllt ist. Das Ganze 20 Minuten lang aushärten lassen.
8. Das Schokoladenherz vorsichtig aus der Form nehmen und auf das Backblech legen.
9. Rosa Glitzerstaub mit einem weichen Backpinsel auf das Herz auftragen und mit essbarem Glitzer bestreuen.

NAMA-SCHOKOLADE

Zeit: 3 Stunden, 20 Minuten • **Ergibt:** 25 Pralinen

Nama-Schokolade ist eine seidige Schokolade im Ganache-Stil, die 1988 vom Küchenchef und Konditor Masakazu Kobayashi in Japan eingeführt wurde. Er wählte den Namen als Anspielung auf die Fülle an frischer Schlagsahne in der Rezeptur, denn *Nama* bedeutet auf Japanisch „roh".

ZUTATEN

160 g hochwertige Zartbitterschokolade, gehackt

180 g Schlagsahne

1 Esslöffel ungesalzene Butter

60 ml Matcha-Pulver

1. Eine 13 mal 13 cm große Backform mit Backpapier auslegen und Schokolade in eine mittelgroße, hitzebeständige Schüssel geben.
2. Schlagsahne und Butter in einem Topf erhitzen, bis sie 80°C erreichen.
3. Die Sahnemischung über die Schokolade gießen und verquirlen, bis die Schokolade eingearbeitet ist und eine glatte Struktur hat.
4. Die Schokoladenmischung in die vorbereitete Form gießen und 3 Stunden lang ins Gefrierfach stellen.
5. Die Schokolade aus dem Gefrierfach nehmen und in Quadrate schneiden. Dann die Schokoladenquadrate durch ein feinmaschiges Sieb mit Matcha-Pulver bestäuben.

NO-BAKE CHEESECAKE

Zeit: 3 Stunden, 30 Minuten • **Ergibt:** Ein Cheesecake

Dieser Cheesecake ist die japanische Variante eines Desserts, das seine Festigkeit durch Kühlung statt durch Hitze erhält. Sein typischer Geschmack, der den klassischen Cheesecake mit einem Hauch Zitrone kombiniert, passt gut zu frischem Obst, Fruchtsoßen und frischer Minze. Diese Rezepte verlangen nach Gelatine, aber du kannst auch *Kanten* verwenden, um die gleiche Konsistenz zu erhalten. Und nicht vergessen: Stelle deinen Cheesecake vor dem Anschneiden und Servieren immer mindestens 3 Stunden lang kalt!

CHEESECAKE

Backtrennspray

1 Esslöffel Gelatinepulver

60 ml kaltes Wasser

340 g Frischkäse

210 g griechischer Naturjoghurt

85 g Zucker

2 Esslöffel Zitronensaft

BODEN

480 ml Vollkornkekse, in kleine Stücke zerbröselt

6 Esslöffel ungesalzene Butter, geschmolzen

2 Esslöffel hellbrauner Zucker

1 Prise Salz

HIMBEERSOSSE

130 g Zucker

80 ml plus 2 Esslöffel Wasser

300 g gefrorene Himbeeren

2 Esslöffel Speisestärke

1 Teelöffel Zitronensaft

1 Teelöffel Vanilleextrakt

Salz

FÜR DEN CHEESECAKE:

1. Eine 18 Zentimeter große Springform mit Backtrennspray einsprühen.
2. Gelatinepulver in einer kleinen, hitzebeständigen Schüssel mit kaltem Wasser mischen. 5 Minuten ziehen lassen.
3. Frischkäse, Joghurt, Zucker und Zitronensaft in einer Küchenmaschine mit Schlagbesenaufsatz bei mittlerer Geschwindigkeit schlagen.
4. Die Gelatinemischung 10 Sekunden lang bei mittlerer Leistung in der Mikrowelle erhitzen, dann zum Kuchenteig geben und bei mittlerer Geschwindigkeit etwa 10 Sekunden lang schlagen, bis alles verbunden ist.

FÜR DEN BODEN:

1. Keksbrösel, Butter, Zucker und Salz in einer separaten Schüssel vermischen. Den Boden der Springform mit einer gleichmäßigen Schicht dieser Mischung ausfüllen und diese festdrücken.
2. Den Kuchenteig auf den Keksboden gießen. 3 Stunden in den Kühlschrank stellen oder bis der Kuchen ausgehärtet ist.

FÜR DIE HIMBEERSOSSE:

1. Währenddessen in einem kleinen Topf Zucker und 80 ml Wasser erhitzen und die gefrorenen Himbeeren hineingeben. Unter ständigem Rühren den Zucker auflösen und erhitzen, bis die Mischung aufkocht. Vom Herd nehmen.
2. Speisestärke in einer kleinen Schüssel mit den restlichen 2 Esslöffeln Wasser und Zitronensaft vermischen. Speisestärkemischung und Vanilleextrakt zu der Himbeermischung geben und verrühren. Die Himbeersoße mit einer Prise Salz verfeinern und die Mischung kühl stellen, damit sie den Cheesecake nicht zum Schmelzen bringt, wenn sie damit in Berührung kommt.
3. Jedes Stück Cheesecake mit einem Löffel Himbeersoße servieren.

ZU SEHEN IN: *Card Captor Sakura: Clear Card, High School Fleet, Brynhildr in the Darkness*

In Folge 2 von *Card Captor Sakura: Clear Card* gibt Chiharu Sakura und Tomoyo ihr Cheesecake-Rezept. Sakura und Tomoyo stellen das Rezept mit Hilfe von Kero-chan her, Sakuras pelzigem, geflügeltem Beschützer. Der Cheesecake mit Himbeersoße ist ein Volltreffer, und Sakura erkennt, dass es nichts bringt, sich ständig Sorgen zu machen, auch wenn sie viel um die Ohren hat. Sie beschließt, weiterhin ihr Bestes zu geben. Lass auch deine Sorgen dahinschmelzen, während du dieses üppige Dessert zubereitest!

NO-BAKE CHEESECAKE MIT SCHWARZEM SESAM

Zeit: 3 Stunden, 30 Minuten • **Ergibt:** Ein Cheesecake

CHEESECAKE

Backtrennspray

1 Esslöffel Gelatinepulver

60 ml kaltes Wasser

340 g Frischkäse

210 g griechischer Naturjoghurt oder 185 g normaler Joghurt mit 10 % Fett

85 g Zucker

½ Esslöffel Zitronensaft

60 ml schwarze Sesampaste

BODEN

480 ml Mürbeteig-Schokoladenkekse, in kleine Stücke zerbröselt

6 Esslöffel ungesalzene Butter, geschmolzen

2 Esslöffel dunkelbrauner Zucker

6 Esslöffel schwarze Sesamkörner

1 Prise Salz

SCHWARZER-SESAM-TUILE

105 g schwarze Sesamkörner

160 g Zucker

60 g Allzweckmehl

4 Esslöffel ungesalzene Butter, geschmolzen

½ Esslöffel schwarze Sesampaste

120 ml Orangensaft

35 g schwarze und weiße Sesamkörner zum Garnieren

FÜR DEN CHEESECAKE:

1. Eine 18 Zentimeter große Springform mit Backtrennspray einsprühen.
2. Gelatinepulver in einer kleinen, hitzebeständigen Schüssel mit kaltem Wasser mischen. 5 Minuten ziehen lassen.
3. Frischkäse, Joghurt, Zucker und Zitronensaft in einer Küchenmaschine mit Schlagbesenaufsatz bei mittlerer Geschwindigkeit schlagen.
4. Die Gelatinemischung 10 Sekunden lang bei mittlerer Leistung in der Mikrowelle erhitzen, dann zum Kuchenteig geben und bei mittlerer Geschwindigkeit etwa 10 Sekunden lang schlagen, bis alles verbunden ist. Schwarze Sesampaste einrühren und bei mittlerer Geschwindigkeit weiterschlagen, bis der Teig eine gleichmäßige Farbe hat.

FÜR DEN BODEN:

1. Kekskrümel, Butter, Zucker, schwarze Sesamkörner und Salz in einer separaten Schüssel vermischen. Den Boden der Springform mit einer gleichmäßigen Schicht dieser Mischung ausfüllen und diese festdrücken.
2. Den Kuchenteig auf den Keksboden gießen. 3 Stunden in den Kühlschrank stellen, oder bis der Kuchen ausgehärtet ist.
3. Backofen auf 180 °C vorheizen.

FÜR DIE SCHWARZER-SESAM-TUILE:

1. Während der Cheesecake abkühlt, schwarze Sesamkörner in einer Gewürzmühle mahlen. Die gemahlenen Sesamkörner in einer mittelgroßen Schüssel mit Zucker und Mehl vermischen.
2. Geschmolzene Butter in einer separaten Schüssel mit schwarzer Sesampaste vermischen.
3. Orangensaft in die Mehlmischung rühren, dann Butter und die schwarze Sesampastenmischung in dieselbe Schüssel einquirlen. 1 Stunde lang bei Raumtemperatur ruhen lassen.
4. Den Tuile-Teig auf einem großen, mit Backpapier ausgelegten Backblech verteilen und sehr dünn verstreichen. Den Teig mit 35 g schwarzen und weißen Sesamkörner bestreuen.
5. 3 Minuten lang auf der mittleren Schiene des Ofens backen.
6. Wenn der Cheesecake 3 Stunden im Kühlschrank war, die schwarze Sesam-Tuile zum Garnieren darauf zerbröseln.

NO-BAKE CHEESECAKE MIT YAKULT UND ZITRONENQUARK

Zeit: 3 Stunden, 30 Minuten • **Ergibt:** Ein großer Cheesecake

Yakult ist ein beliebtes probiotisches Milchgetränk, das zur Grundausstattung japanischer Supermärkte und Gemischtwarenläden gehört. Das säuerliche Getränk ist in kleinen 65-ml-Flaschen erhältlich, die oft im Mehrfachpack verkauft werden.

CHEESECAKE

Backtrennspray

3 Beutel Gelatinepulver

675 g Frischkäse

280 g griechischer Naturjoghurt

170 g Zucker

Fünf 65-ml-Fläschchen Yakult

2 Esslöffel Zitronensaft

BODEN

950 ml Ingwerkekse, in kleinen Stücken

12 Esslöffel ungesalzene Butter, geschmolzen

4 Esslöffel Zucker

1 Prise Salz

ZITRONENQUARK

2 große Eigelb

1½ Zitronen, gepresst

Schale von 1 Zitrone, gerieben

45 g Zucker

3 Esslöffel ungesalzene Butter, in Raumtemperatur

FÜR DEN CHEESECAKE:

1. Eine 23 Zentimeter große Springform mit Backtrennspray einsprühen.
2. Gelatinepulver anrühren wie auf der Packung angegeben.
3. Frischkäse, Joghurt, Zucker, Yakult und Zitronensaft in einer Küchenmaschine mit Schlagbesenaufsatz bei mittlerer Geschwindigkeit schlagen.
4. Die Gelatinemischung 10 Sekunden lang bei mittlerer Leistung in der Mikrowelle erhitzen, dann zum Kuchenteig geben und bei mittlerer Geschwindigkeit etwa 10 Sekunden lang schlagen, bis alles verbunden ist.

FÜR DEN BODEN:

1. Keksbrösel, Butter, Zucker und Salz in einer separaten Schüssel vermischen. Den Boden der Springform mit einer gleichmäßigen Schicht dieser Mischung ausfüllen und diese festdrücken.
2. Den Kuchenteig auf den Keksboden gießen. 3 Stunden in den Kühlschrank stellen, oder bis der Kuchen ausgehärtet ist.

FÜR DEN ZITRONENQUARK:

1. Während der Cheesecake abkühlt, bereite ein Wasserbad vor, indem du einen mittelgroßen Topf mit 3 Zentimetern Wasser füllst und einen weiteren Topf hineinstellst, sodass der Rand des oberen Topfes das Wasser darunter nicht berührt. Das Wasser zum Kochen bringen und dann die Hitze auf mittlere Stufe reduzieren.
2. Eigelb, Zitronensaft, Zitronenschale und Zucker im oberen Topf des Wasserbades verquirlen. 10 Minuten lang weiterschlagen und dabei darauf achten, dass die Eier nicht zu Rührei werden. Die Mischung sollte sich verbinden und eine soßenartige Konsistenz haben.
3. Eimischung vom Herd nehmen und Butter unterrühren, bis sie eingearbeitet ist. Die Mischung durch ein feinmaschiges Sieb abseihen, um kleine gekochte Eistückchen, die sich eventuell gebildet haben, zu entfernen.
4. Den Zitronenquark vor dem Servieren in den Kühlschrank stellen. Als Garnierung für den Yakult-Cheesecake verwenden.

HARAJUKU-ART
CRÊPES

Gefüllte Crêpes sind ein beliebtes Produkt in Harajuku. Crêpes sind dünne Pfannkuchen nach französischer Art, die sich in Japan zu einer köstlichen neuen Form entwickelt haben, welche besonders bei jungen Leuten beliebt ist. Dieses Rezept für Tutti-Frutti-Crêpes ähnelt der Crêpe-Variante, die Kyouka bestellt hat. Die Nutella-Crêpes (Seite 121) sind eine weitere beliebte Geschmacksrichtung.

ZU SEHEN IN: *Bungō Stray Dogs, Magic-kyun! Renaissance, Is It Wrong to Try to Pick Up Girls in a Dungeon?*

In Folge 9 von *Bungō Stray Dogs* trifft der Privatdetektiv Atsushi Nakajima auf Kyouka, eine Auftragsmörderin. Atsushi zeigt Verständnis für ihre Lage und führt sie durch Yokohama, bevor er sie zur Polizei bringt. Dabei stoßen sie auf einen beliebten Crêpe-Stand. Kyouka bestellt einen üppig gefüllten Crêpe.

TUTTI-FRUTTI-CRÊPES

Zeit: 1 Stunde • **Ergibt:** 2 gefüllte Crêpes

ZUTATEN

7 Esslöffel ungesalzene Butter
120 g Allzweckmehl
65 g plus 1 Esslöffel Zucker
1 große Prise Salz
240 ml Wasser
2 große Eier
1 Teelöffel Vanilleextrakt
40 g frische Blaubeeren
50 g frische Erdbeeren, in Scheiben geschnitten
4 große Kugeln Kirscheis oder ein anderes rosafarbenes Eis
2 Waffelröllchen
120 g Schlagsahne
Frische Minze zum Garnieren

1. 3 Esslöffel Butter in eine kleine, hitzebeständige Schüssel geben. Die Butter 30 Sekunden lang bei mittlerer Leistung in der Mikrowelle erhitzen.
2. Die geschmolzene Butter mit Mehl, 1 Esslöffel Zucker, Salz, Wasser, Eiern und Vanilleextrakt in einer Schüssel vermengen. So lange mischen, bis der Teig glatt ist, dann mit Frischhaltefolie abdecken und 30 Minuten in den Kühlschrank stellen.
3. Erdbeeren und Blaubeeren in einer mittelgroßen Schüssel vermischen und die restlichen 65 g Zucker hinzugeben.
4. Zwei Stücke Backpapier in Dreiecke schneiden und diese dann zu Papierkegeln rollen. Das überstehende Papier einschlagen, um den Kegel zu fixieren.
5. Den Teig aus dem Kühlschrank nehmen.
6. Einen Esslöffel Butter in einer Pfanne schmelzen lassen und gleichmäßig verteilen.
7. ½ Tasse Teig in die Pfanne gießen und so verteilen, dass er den gesamten Boden bedeckt. 1 Minute lang backen, dann den Crêpe mit einem großen Pfannenwender wenden und die andere Seite 1 weitere Minute lang backen. Vom Herd nehmen.
8. Mehr Butter in die Pfanne geben und den Vorgang mit dem restlichen Teig wiederholen.
9. 2 große Portionen eingezuckerte Beeren auf jeden Crêpe geben und die noch warmen Crêpes in der Mitte falten.
10. 1 Kugel Eis und 1 Waffelröllchen auf die runde Seite jedes Crêpes geben. Dann die Crêpes in Kegelform rollen, so dass die Spitze des Waffelröllchens am offenen Ende sichtbar ist.
11. Die gerollten Crêpes in die Backpapiertüten legen und auf jeden Crêpe 1 zusätzliche Kugel Eis geben.
12. Schlagsahne auf das Eis spritzen und mit frischer Minze garnieren.

NUTELLA-CRÊPES

Zeit: 1 Stunde • **Ergibt:** 2 gefüllte Crêpes

ZUTATEN

7 Esslöffel ungesalzene Butter
120 g Allzweckmehl
1 Esslöffel Zucker
1 große Prise Salz
240 ml Wasser
2 große Eier
1 Teelöffel Vanilleextrakt
4 Teelöffel Nuss-Nougat-Creme (z.B. Nutella)
120 g Schlagsahne
30 g Haselnüsse, gehackt
1 Teelöffel Kakaopulver

1. 3 Esslöffel Butter in eine kleine, hitzebeständige Schüssel geben. Die Butter 30 Sekunden lang oder bis sie sich verflüssigt hat bei mittlerer Leistung in der Mikrowelle erhitzen.
2. Die geschmolzene Butter mit Mehl, Zucker, Salz, Wasser, Eiern und Vanilleextrakt in einer großen Schüssel vermengen. So lange mischen, bis der Teig glatt ist, dann mit Frischhaltefolie abdecken und 30 Minuten lang in den Kühlschrank stellen.
3. Zwei Stücke Backpapier in Dreiecke schneiden und diese dann zu Papierkegeln rollen. Das überstehende Papier einschlagen, um den Kegel zu fixieren.
4. Den Teig aus dem Kühlschrank nehmen.
5. Einen Esslöffel Butter in einer Pfanne schmelzen lassen und gleichmäßig verteilen.
6. ½ Tasse Teig in die Pfanne gießen und so verteilen, dass der Teig den gesamten Boden bedeckt. 1 Minute lang backen, dann den Crêpe mit einem großen Pfannenwender wenden und die andere Seite 1 weitere Minute lang backen. Vom Herd nehmen.
7. Mehr Butter in die Pfanne geben und den Vorgang mit dem restlichen Teig wiederholen.
8. Jeden Crêpe mit 2 Esslöffeln Nutella bestreichen, solange sie noch warm sind, dabei einen Rand von 2½ Zentimetern frei lassen. Die Crêpes in der Mitte falten und dann zu Kegeln rollen.
9 Die gerollten Crêpes in die Backpapiertüten legen und Schlagsahne in das offene Ende jedes Crêpes spritzen. Mit gehackten Haselnüssen garnieren und mit Kakaopulver bestäuben.

MELONENLIMO-SCHWIMMER

Zeit: 20 Minuten • **Ergibt:** 2 mittelgroße (180 ml) Limo-Schwimmer

Melonenlimo-Schwimmer sind ein beliebtes Getränk in japanischen Cafés, und sie werden häufig flaschenweise an Automaten und in Gemischtwarenläden verkauft. Melonenlimo-Schwimmer wurden erstmals in den 1970er Jahren populär, und obwohl sich die Café-Kultur seither verändert hat, ist das Getränk in Japan immer noch eine weit verbreitete Erfrischung.

ZUTATEN

½ mittelgroße frische Honigmelone, geschält, entkernt, gewürfelt und gekühlt

4 Esslöffel Zuckersirup

2 Tropfen hellgrüne Lebensmittelfarbe (optional)

120 ml Mineralwasser, gekühlt

2 Kugeln Vanilleeis

2 Cocktailkirschen

1. Die Honigmelonenwürfel mit dem Zuckersirup in einem Mixer vermischen, bis die Mischung dick und sämig ist. Hellgrüne Lebensmittelfarbe hinzufügen und mixen, bis die Farbe gleichmäßig verteilt ist.
2. Das gekühlte Mineralwasser hinzufügen und mit einem Löffel unterrühren.
3. Die Melonenmischung aus dem Mixer nehmen und auf zwei große Gläser verteilen.
4. In jedes Glas 1 Kugel Vanilleeis geben und mit einer Cocktailkirsche garnieren.

ZU SEHEN IN: *Hetalia: Axis Powers, Restaurant to Another World, Working!!*

Die Charaktere in *Hetalia: Axis Powers* sind Personifikationen der Länder der Welt, darunter ein Kind, das die winzige Mikronation Sealand repräsentiert. Sealands Traum ist es, als echtes Land anerkannt zu werden, ein Ziel, auf das er hinarbeitet, indem er in Folge 21 an einer Weltkonferenz teilnimmt. Nachdem er von den größeren, etablierten Nationen die kalte Schulter gezeigt bekommen hat, sieht man Sealand an einem Tisch sitzen und sich mit seinem Lieblingsgetränk trösten: einem Melonenlimo-Schwimmer. In Anime werden Melonenlimo-Schwimmer üblicherweise von Kindern oder kindischen Charakteren getrunken, und das Trinken eines solchen hilft Sealand wahrscheinlich nicht, in seinem Bestreben ernst genommen zu werden. Aber vielleicht ist es okay, ab und zu ein Kind zu sein und dieses leckere Getränk zu genießen!

ANIME-INDEX

ÜBER DIE AUTORIN

Hadley Sui ist eine in Brooklyn ansässige Food-Stylistin, Konditorin und Rezeptentwicklerin. Das Auslandsjahr, das sie bei Gastfamilien verbrachte und in dem sie die High School in Yoshikawa, Japan, besuchte, führte zu einer lebenslangen Liebe zur japanischen Kultur und bewog sie dazu, einen Abschluss in International Studies an der University of Chicago sowie ein Zertifikat der dortigen French Pastry School zu erwerben. Ihre Backwarenmarke Hadley Go Lucky wird in Pop-up-Stores in ganz New York City angeboten, und sie ist auch als Gastköchin für das „Tokyo House Party"-Programm der Japan Arts Foundation aufgetreten. *Oishisou!! Das ultimative Anime-Dessert-Kochbuch* zeigt eine Auswahl von Hadleys liebsten Backrezepten, die sowohl durch Anime als auch durch ihre eigenen Erfahrungen in Japan inspiriert wurden. Wenn sie nicht in der Küche steht, findet man Hadley auf Wanderungen mit ihrem Ehemann Jackson und ihrem Shiba Yatsuhashi (benannt nach einer von Kyotos Gebäckspezialitäten), beim Schmökern in einem Buch oder bei der Jagd nach Schätzen auf dem Union Square Greenmarket. Erfahre mehr über Hadley auf *www.hadleysui.com*.

ÜBER DIE ILLUSTRATORIN

Monique „Mo" Narboneta Zosa ist eine in Los Angeles ansässige Grafikdesignerin und (neuerdings) Illustratorin. Vom Verkauf von Fankunst auf Anime-Conventions im Jahr 2012 bis zur Veröffentlichung ihrer ersten gedruckten „Kritzeleien" in DC Comics *Harley's Little Black Book* im Jahr 2017 ist die Illustration ein beständiger Aspekt ihrer Designkarriere. Im Jahr 2021 veredelte Mo die Stimme von Sakura Kasugano in *Street Fighter: The Official Street Food Cookbook* von Insight Editions, indem sie überall im Buch Illustrationen im Emoji-Stil und andere Zeichnungen einstreute. *Oishisou!! Das ultimative Anime-Dessert-Kochbuch* ist Mos offizielles Debüt als Illustratorin und gab ihr die Möglichkeit, ihre Liebe zu Anime, Design und Illustration in einer köstlichen Publikation zu vereinen. Fun Fact: Mos absoluter Lieblingsanime ist *Tiger and Bunny*! Sieh dir mehr von ihrer Arbeit an auf *monarboneta.com*.

DANKSAGUNG

Ich hätte dieses Buch nicht ohne die Liebe und Unterstützung meines Ehemannes und besten Freundes Jackson schreiben können. Danke, dass du so viele Anime mit mir schaust! Wer hätte vorhersehen können, dass ich über das Essen in Anime schreiben würde, als wir zu Beginn unserer Beziehung begannen, Shokugeki zu schauen?

Ich danke meiner Familie für ihre Unterstützung und Begeisterung, besonders meiner Mama Jennifer, dass sie mir eine Kindheit voller Kreativität und Inspiration ermöglicht hat, und meinem Bruder Brooks. Ich möchte auch meiner Wahlfamilie aus engen Freunden danken, die mich während des Schreibprozesses angefeuert haben. Vielen Dank an Chinatsu für deine Zeit und deine Einblicke!

Auf ewig dankbar bin ich den Rotary-Clubs in Urbana, Illinois und Yoshikawa, Saitama, dass sie mir die Erfahrung eines Auslandsaufenthalts in Japan während der High School 2010 und 2011 ermöglicht haben. Meine fürsorglichen Gastfamilien, insbesondere Yasuo und Sanae Suzuki, haben meine Liebe zu Japan geweckt und mein ständiges Verlangen, dorthin zurückzukehren, wo ich mich am meisten inspiriert fühle. Mein Dank gilt auch den Mitarbeitern und Schülern der Koshigaya Minami High School, die mich als Mitglied ihrer Gemeinschaft willkommen geheißen haben, insbesondere Ueyama-Sensei und den Mitgliedern des Cheerleading-Clubs.

Meinen Mitaustauschschülerinnen und -schülern – Jessie, Leona und Paola –, die zusammen mit mir diese wunderbare Erfahrung gemacht haben, möchte ich sagen, dass mir unsere gemeinsamen Erinnerungen so viel Freude bereiten.

Ich danke den Professoren des Kyoto Consortium for Japanese Studies an der Doshisha-Universität und meinen Freunden dort, die sich ebenfalls für das Studium Japans und seiner Geschichte begeisterten, insbesondere Anna und Aubrey. Meine allererste Erfahrung im Schreiben über *Wagashi* machte ich während unseres Kurses über die Kunsthandwerker Kyotos!

Ich danke Hiroko Ito für ihre Zeit an der Uni High. Ohne Ihren Unterricht wäre die *Ponyo*-Titelmelodie nicht in mein Gedächtnis eingebrannt!

Ich danke meinen Freunden bei der Japan Arts Foundation, dem japanischen Generalkonsulat in Chicago, der Japan America Society of Chicago und dem Tenri Cultural Institute, dass ich mit ihnen zusammenarbeiten und von ihnen lernen durfte.

Ich bin auch all den Mentoren und Freunden zu Dank verpflichtet, die ich auf meiner Reise durch die Welt des Backens gefunden habe. Ganz herzlichen Dank.

Vielen Dank an Emily Hawkes für die Fotografien in diesem Buch und an Andrea Greco für die verrücktesten Requisiten. Ich bin auch meinen Assistentinnen beim Food-Styling, Debbie Wee und Sarah Pleitez, und meiner Fotoassistentin Regina Tamburro sehr dankbar.
Ich weiß eure Hilfe und Energie sehr zu schätzen.

Ich hätte dieses Buch nicht ohne den Rat von Alex Shytsman schreiben können, die so freundlich war, ihre Erfahrungen über Kochbücher mit mir zu teilen und mich ermutigte, diese Gelegenheit wahrzunehmen. Deine Hilfe bedeutet mir sehr viel.

Zu guter Letzt danke ich meinem Redakteur Scott Nybakken, der mich durch den Kochbuchprozess geführt und dabei geholfen hat, diese Anime-Backwaren zum Leben zu erwecken!

PANINI BOOKS

www.paninishop.de

Deutsche Ausgabe erschienen bei
Panini Verlags GmbH, Schlossstraße 76, 70176 Stuttgart.
Geschäftsführer: Hermann Paul
Head of Editorial: Jo Löffler
Head of Marketing: Holger Wiest
Übersetzung: Markus Lange
Lektorat: Lena Asleh, Julian Spenner, Dinah Goebel
Satz und Layout: Michael Beck, LetterFactory
Presse und PR: Steffen Volkmer

YDANKB001
ISBN 978-3-8332-4219-9
1. Auflage, Oktober 2022

Amerikanische Originalausgabe erschienen 2022 bei Insight Editions, San Rafael, Kalifornien:

Publisher: Raoul Goff
VP of Licensing and Partnerships: Vanessa Lopez
VP of Creative: Chrissy Kwasnik
VP of Manufacturing: Alix Nicholaeff
Editorial Director: Vicki Jaeger
Designer: Monique Narboneta Zosa
Editor: Scott Nybakken
Editorial Assistant: Harrison Tunggal
Senior Production Editor: Elaine Ou
Production Manager: Sam Taylor
Senior Production Manager, Subsidiary Rights: Lina s Palma

Photographer: Emily Hawkes
Food Stylist: Hadley Sui
Prop Stylist: Andrea Greco
Photo Assistant: Regina Tamburro
Photo Intern: Shelby Antel
Food Styling Assistants: Sarah Pleitez & Debbie Wee
Shooting location: Dutchess Studios, Long Island City

ROOTS of PEACE REPLANTED PAPER

Insight Editions, in association with Roots of Peace, will plant two trees for each tree used in the manufacturing of this book. Roots of Peace is an internationally renowned humanitarian organization dedicated to eradicating land mines worldwide and converting war-torn lands into productive farms and wildlife habitats. Roots of Peace will plant two million fruit and nut trees in Afghanistan and provide farmers there with the skills and support necessary for sustainable land use.

Manufactured in China by Insight Editions

10 9 8 7 6 5 4 3 2 1

氷